Collection folio junior

dirigée par
Jean-Olivier Héron
et Pierre Marchand

HOLMGARD
PASSAGE DE
MOYTURA
MONTS
DURNCRAG
PAYS SAUVAGES
ESHNAR
TEMEL
CHAINE DE MAAKEN
FORET DE RUANON
R. XANE
RUANON
VKA
MINES
DE MAAKEN
RUINES DE
MAAKEN
MARAIS DE
MAAKEN
CHUTES
MAUDITES
GORGES
CHAINE
DE QUARLE
R. QUARLE
R. KO
CASTORN
OASIS
QUARLE
MER DE LA
SECHERESSE
BANNIERE
DE
FERUFEZAN

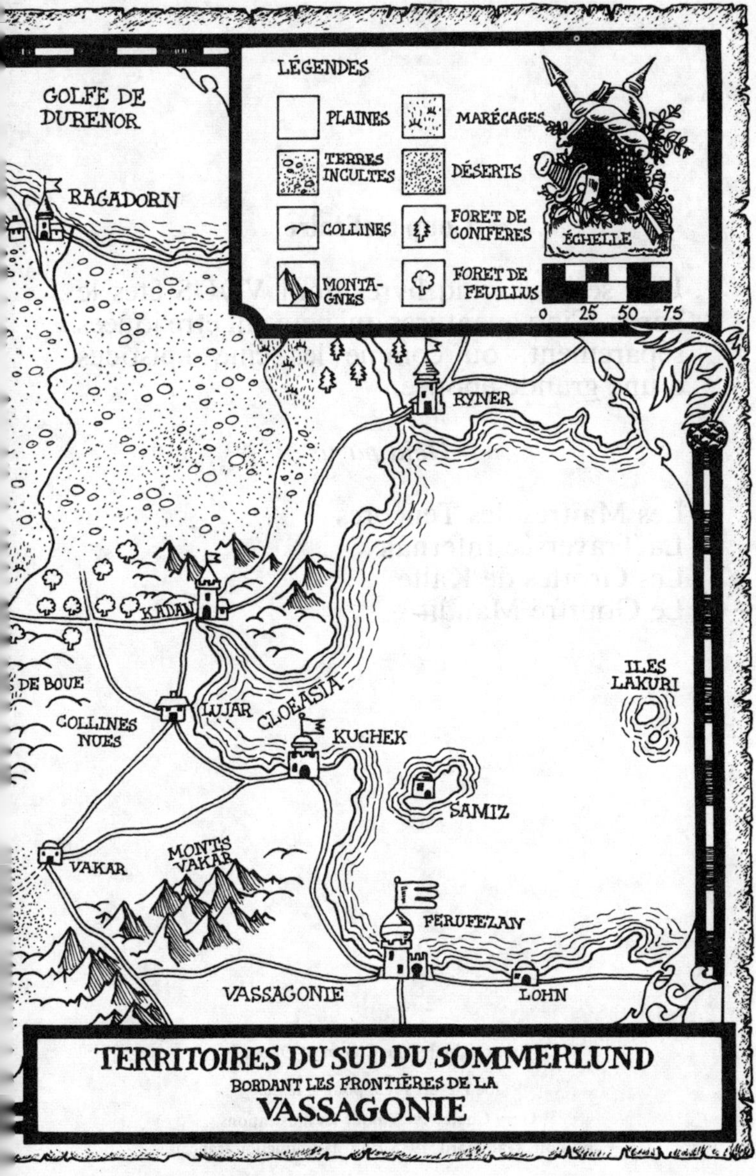
LÉGENDES
PLAINES
MARÉCAGES
TERRES INCULTES
DÉSERTS
COLLINES
FORET DE CONIFERES
MONTA-GNES
FORET DE FEUILLUS
ÉCHELLE
0 25 50 75
GOLFE DE DURENOR
RAGADORN
RYNER
KADAN
DE BOUE
COLLINES NUES
LUJAR
CLOEASIA
KUGHEK
ILES LAKURI
SAMIZ
VAKAR
MONTS VAKAR
FERUFEZAN
VASSAGONIE
LOHN
TERRITOIRES DU SUD DU SOMMERLUND
BORDANT LES FRONTIÈRES DE LA
VASSAGONIE

Loup Solitaire

Une série de cinq livres dont VOUS êtes le héros. Cinq aventures qui peuvent être jouées séparément, ou comme les cinq épisodes d'une grande épopée.

Déjà parus

Les Maîtres des Ténèbres
La Traversée Infernale
Les Grottes de Kalte
Le Gouffre Maudit

Titre original : The Chasm of Doom

Joe Dever

Le Gouffre Maudit

Loup Solitaire /4

Traduit de l'anglais
par Camille Fabien

Illustrations de Gary Chalk

Gallimard

FEUILLE D'AVENTURE

DISCIPLINES KAI

NOTES

1
2
3
4
5

DISCIPLINES KAI SUPPLÉMENTAIRES

6 6e Discipline : si vous avez accompli avec succès une mission.
7 7e Discipline : si vous avez déjà accompli avec succès deux missions.
8 8e Discipline : si vous avez déjà accompli avec succès trois missions.

SAC A DOS (8 objets max.)	REPAS
1	
2	
3	– 3 P.E. si vous n'avez pas de repas lorsqu'il vous faut manger.
4	BOURSE (50 Pièces d'Or maximum)
5	
6	
7	
8	
Peuvent être échangés, sauf pendant un combat.	

P.H. = POINTS D'HABILETÉ P.E. = POINTS D'ENDURANCE

(Objets Spéciaux indiqués deux pages plus loin)

HABILETÉ	ENDURANCE
	Ne peut jamais dépasser votre total de départ. (0 = mort)

DÉTAIL DES COMBATS

ENDURANCE		ENDURANCE
LOUP SOLITAIRE	QUOTIENT D'ATTAQUE	ENNEMI
LOUP SOLITAIRE	QUOTIENT D'ATTAQUE	ENNEMI
LOUP SOLITAIRE	QUOTIENT D'ATTAQUE	ENNEMI
LOUP SOLITAIRE	QUOTIENT D'ATTAQUE	ENNEMI
LOUP SOLITAIRE	QUOTIENT D'ATTAQUE	ENNEMI
LOUP SOLITAIRE	CO	

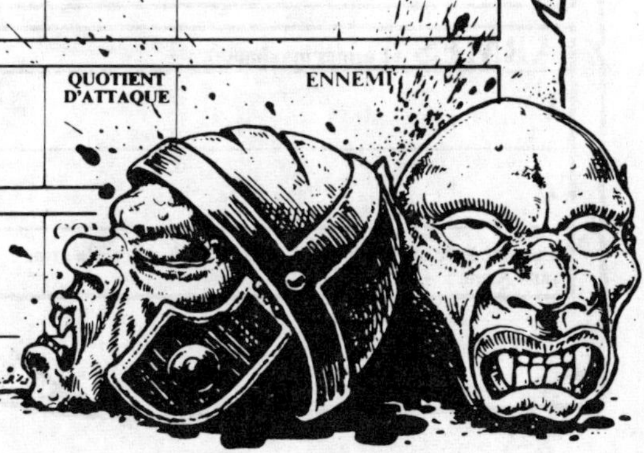

OBJETS SPÉCIAUX ET LISTE DES ARMES

DESCRIPTION	EFFETS

ARMES (2 armes maximum)
1
2
Combat livré avec une Arme et la Maîtrise de cette arme : + 2 P.H. Combat livré sans Arme : — 4 P.H.

Règles du jeu

Vous trouverez au début de ce livre une *Feuille d'Aventure* sur laquelle vous inscrirez tous les détails de votre quête. Il est conseillé d'en faire des photocopies qui vous permettront de jouer plusieurs fois.

Au cours de l'initiation qui vous a permis de devenir un Seigneur Kaï, vous avez acquis une force exceptionnelle ; les deux éléments essentiels de cette force sont représentés par votre HABILETÉ au combat et votre ENDURANCE. Avant d'entreprendre votre mission, il vous faudra mesurer exactement le degré d'efficacité de votre entraînement. A cet effet, vous devrez placer devant vous la *Table de Hasard* qui se trouve à la fin du livre, fermer les yeux et pointer l'extrémité non taillée d'un crayon sur l'un des chiffres de la *Table* en laissant faire le hasard. Si votre crayon désigne le chiffre 0, vous n'obtenez aucun point.

Le premier chiffre que votre crayon aura montré sur la *Table de Hasard* représentera votre HABILETÉ au combat. Ajoutez 10 à ce chiffre et inscrivez le total obtenu dans la case HABILETÉ de votre *Feuille d'Aventure*. (Si par exemple votre crayon indique le chiffre 4 sur la *Table de Hasard,* vos points d'HABILETÉ seront de 14).

Lorsque vous aurez à combattre, il faudra mesurer votre HABILETÉ à celle de votre adversaire. Il est donc souhaitable que votre total d'HABILETÉ soit le plus élevé possible.

Le deuxième chiffre que votre crayon désignera sur la *Table de Hasard* représentera votre capacité d'ENDURANCE. Ajoutez 20 à ce chiffre et inscrivez le total obtenu dans la case ENDURANCE de votre *Feuille d'Aventure*. (A titre d'exemple, si votre crayon indique le chiffre 6 sur la *Table de Hasard,* le total de vos points d'ENDURANCE sera de 26).

Si vous êtes blessé lors d'un combat, vous perdrez des points d'ENDURANCE et si jamais votre ENDURANCE tombe à zéro, vous saurez alors que vous venez d'être tué et que votre aventure est terminée. Au cours de votre mission, vous aurez la possibilité de récupérer des points d'ENDURANCE mais votre total d'ENDURANCE ne pourra en aucun cas dépasser celui dont vous disposiez au départ de votre mission.

Si vous avez mené avec succès une ou plusieurs des aventures précédentes de la série du Loup Solitaire, vos points d'HABILETÉ et d'ENDURANCE vous sont déjà connus et vous savez également quelles sont les Disciplines Kaï que vous maîtrisez. C'est avec ces mêmes éléments que vous entreprendrez votre quête dans ce quatrième volume. Vous pourrez aussi emporter dans cette nouvelle aventure les armes et les objets qui se trouvaient en votre possession à la fin de votre dernière mission : vous devrez alors les inscrire en détail sur votre *Feuille d'Aventure*

(rappelez-vous cependant que vous n'avez toujours pas droit à plus de deux armes et huit objets contenus dans votre Sac à Dos.)

Pour chaque aventure du Loup Solitaire que vous aurez menée avec succès, vous aurez le droit d'ajouter une Discipline Kaï supplémentaire à votre *Feuille d'Aventure :* si vous êtes déjà un familier de la série du Loup Solitaire, reportez-vous à présent à la rubrique équipement de ce quatrième volume et lisez-la attentivement.

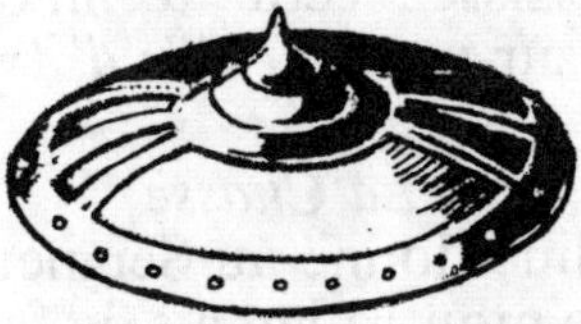

Les Disciplines Kaï

Au cours des siècles, les moines Kaï ont appris à maîtriser toutes les techniques du guerrier. Ces techniques sont connues sous le nom de Disciplines Kaï et enseignées aux Seigneurs Kaï. Vous avez, quant à vous, le rang d'Initié, ce qui signifie que vous maîtrisez cinq des techniques décrites ci-dessous. Il vous appartient de choisir vous-même ces cinq Disciplines. Chaque Discipline Kaï peut vous être utile à un moment ou à un autre de votre quête et votre choix devra être le plus judicieux possible ; dans certaines circonstances, une habile mise en pratique de l'une de ces techniques peut vous sauver la vie. Lorsque vous aurez choisi vos cinq Disciplines, inscrivez-les dans la case correspondante de votre *Feuille d'Aventure*.

Le Camouflage

Cette technique permet au Seigneur Kaï de se fondre dans le paysage. A la campagne, il peut se cacher parmi les arbres et les rochers et se rendre de cette façon invisible à l'ennemi même s'il passe tout près de lui. Dans une ville, cette Discipline donnera à celui qui l'utilise la faculté d'avoir l'air d'un habitant du cru, tant par l'apparence que par l'accent ou la langue employée. On peut ainsi trouver un abri où se cacher en toute sécurité.

Si vous choisissez cette technique, inscrivez Camouflage sur votre *Feuille d'Aventure*.

La Chasse

Cette Discipline donne au Seigneur Kaï l'assurance qu'il ne mourra jamais de faim, même s'il se trouve dans un environnement hostile. Il aura toujours la possibilité de chasser pour se procurer de la nourriture, sauf dans les déserts et autres régions arides. Vous devrez savoir que le Pays Sauvage, au sud de la passe de Moytura, est un territoire où le gibier est rare et que les occasions de faire bonne chasse seront peut-être inexistantes jusqu'à ce que vous ayez atteint la forêt de Ruanon. Cette technique, cependant, se révélera très utile, car elle permet à un Seigneur Kaï de se déplacer très vite et avec une grande agilité.

Si vous choisissez cette Discipline, inscrivez Chasse sur votre *Feuille d'Aventure*.

Le Sixième Sens

Grâce à cette technique, le Seigneur Kaï devine les dangers imminents qui le menacent. Ce

Sixième Sens peut également lui révéler les intentions véritables d'un inconnu ou la nature d'un objet étrange rencontré au cours d'une aventure. Si vous choisissez cette Discipline, inscrivez Sixième Sens sur votre *Feuille d'Aventure*.

L'Orientation

Chaque fois qu'il se trouvera dans l'obligation de décider quelle direction il doit prendre, le Seigneur Kaï fera toujours le bon choix grâce à cette technique. Il saura ainsi quel chemin il convient d'emprunter dans une forêt et il pourra également, dans une ville, découvrir l'endroit où sont cachés une personne ou un objet. Par ailleurs, il saura interpréter chaque trace de pas, chaque empreinte qui pourraient lui permettre de remonter une piste.
Si vous choisissez cette discipline, inscrivez Orientation sur votre *Feuille d'Aventure*.

La Guérison

Cette Discipline donne la faculté de récupérer des points d'ENDURANCE perdus lors d'un combat. Si vous maîtrisez cette technique, vous pourrez ajouter un point d'ENDURANCE à votre total à chaque fois qu'il vous sera possible d'aller d'un bout à l'autre d'un paragraphe sans avoir à combattre un ennemi. (Vous n'aurez le droit d'utiliser cette technique de la Guérison que lorsque vos points d'ENDURANCE seront tombés au-dessous de votre *total initial*. Rappelez-vous que vos points d'ENDURANCE ne peuvent en aucun cas excéder votre *total de départ)*.
Si vous choisissez cette discipline, inscrivez sur votre *Feuille d'Aventure* : Guérison ; un point

d'ENDURANCE pour chaque paragraphe parcouru sans combat.

La Maîtrise des Armes

En entrant au monastère Kaï, chaque élève a la possibilité d'être initié au maniement d'une arme. Si vous choisissez d'avoir la Maîtrise d'une arme, utilisez la *Table de Hasard* à la manière habituelle pour obtenir un chiffre qui correspondra, dans la liste ci-dessous, à l'arme dont on vous aura enseigné le maniement. Vous aurez dès lors la parfaite Maîtrise de cette arme et, chaque fois que vous combattrez avec elle, vous aurez droit à deux points d'HABILETÉ supplémentaires.

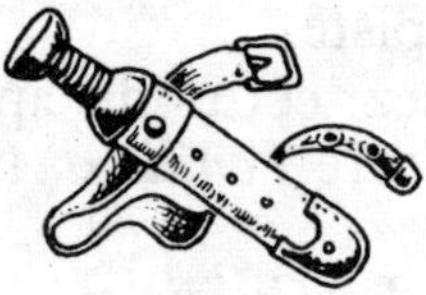

0 : LE POIGNARD

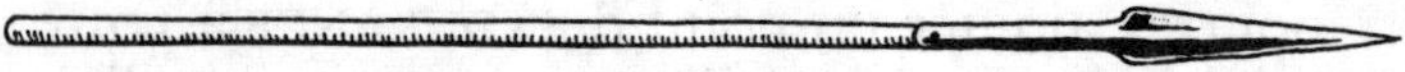

1 : LA LANCE

2 : LA MASSE D'ARMES

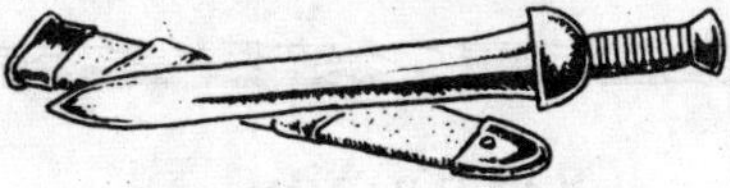

3 : LE SABRE

4 : LE MARTEAU DE GUERRE

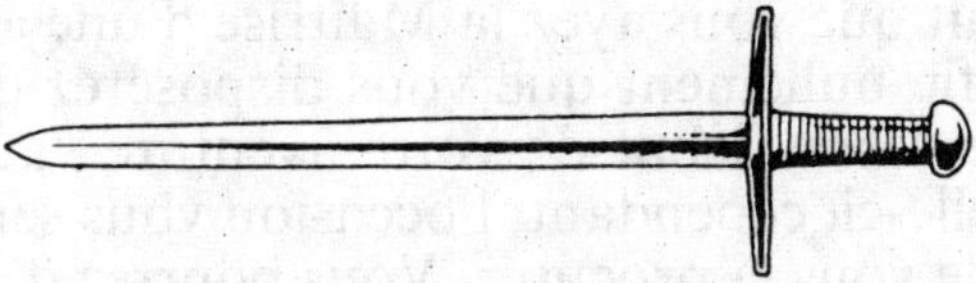

5 : L'ÉPÉE

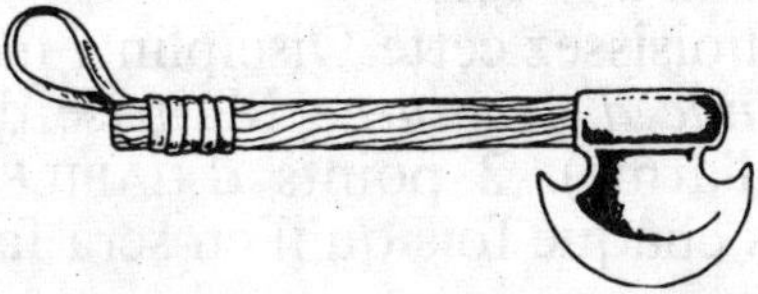

6 : LA HACHE

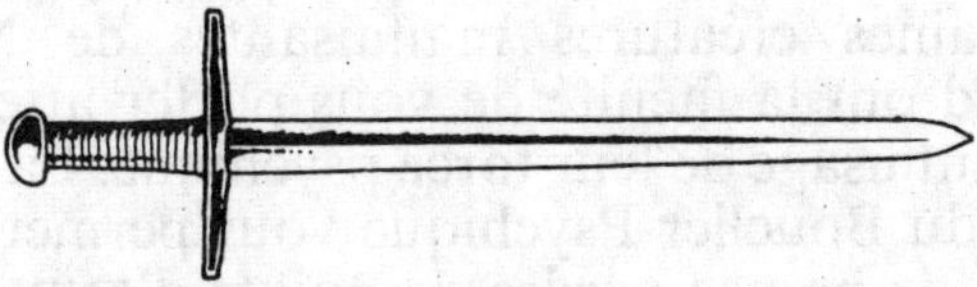

7 : L'ÉPÉE

8 : LE BATON

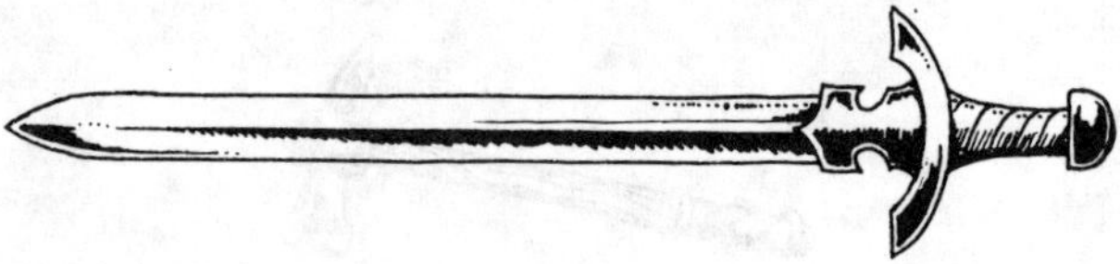

9 : LE GLAIVE

Le fait que vous ayez la Maîtrise d'une arme ne signifie nullement que vous disposerez de cette arme dès le début de votre aventure ; au cours de celle-ci, cependant, l'occasion vous sera donnée de vous la procurer. Vous pourrez d'ailleurs acquérir diverses armes au long de votre quête mais vous n'aurez pas le droit d'en posséder plus de deux à la fois.
Si vous choisissez cette Discipline, inscrivez sur votre *Feuille d'Aventure* : Maîtrise de... (ici, le nom de l'arme). 2 points d'HABILETÉ supplémentaires chaque fois qu'il en sera fait usage.

Bouclier Psychique

Certaines créatures malfaisantes de Magnamund ont la faculté de vous porter atteinte en faisant usage de leur force psychique. La technique du Bouclier Psychique vous permet cependant de ne pas perdre de points d'ENDURANCE lorsque vous vous trouvez soumis à une telle agression.

Si vous choisissez cette Discipline, inscrivez sur votre *Feuille d'Aventure* : Bouclier Psychique ; pas de perte d'ENDURANCE en cas d'agression mentale.

Puissance Psychique

Cette technique permet au Seigneur Kaï d'attaquer un ennemi en se servant de la force de son esprit : on peut l'utiliser en même temps qu'une arme de combat habituelle et l'on dispose alors de deux points supplémentaires d'HABILETÉ. Cette Puissance Psychique, cependant, n'est pas forcément efficace avec toutes les créatures : il se peut que certaines d'entre elles y soient insensibles. Si le cas se présente, vous en serez averti au cours de votre mission.
Si vous choisissez cette Discipline, inscrivez sur votre *Feuille d'Aventure* : Puissance psychique ; deux points d'HABILETÉ supplémentaires.

Communication Animale

Grâce à cette technique, un Seigneur Kaï peut communiquer avec certains animaux et deviner les intentions de certains autres.
Si vous choisissez cette Discipline, inscrivez Communication Animale sur votre *Feuille d'Aventure*.

Maîtrise Psychique de la Matière

C'est une technique qui donne à un Seigneur Kaï la faculté de déplacer de petits objets par le simple pouvoir de sa concentration mentale.
Si vous choisissez cette Discipline, inscrivez Maîtrise Psychique de la Matière sur votre *Feuille d'Aventure*.
Si vous remplissez avec succès la mission qui

vous est confiée dans ce livre numéro 4, vous aurez la possibilité de choisir une Discipline Kaï supplémentaire lorsque vous établirez la *Feuille d'Aventure* du livre numéro 5. Cette nouvelle Discipline, ainsi que tous les Objets Spéciaux que vous aurez pu acquérir vous serviront dans la cinquième aventure de la série du Loup Solitaire.

Équipement

Avant de quitter Holmgard pour entreprendre votre voyage, on vous donne une carte des régions du Sud (voir en tête de ce livre), un insigne indiquant votre rang dans la hiérarchie des Seigneurs Kaï (vous le porterez sur la manche de votre tunique), et une bourse contenant des Pièces d'Or. Pour savoir combien de Pièces cette bourse contient, utilisez la *Table de Hasard* pour obtenir un chiffre. Ajoutez 10 à ce chiffre : vous connaîtrez alors le nombre de Pièces d'Or dont vous disposez. Inscrivez ce nombre dans la case Pièces d'Or de votre *Feuille d'Aventure*. Si vous avez mené avec succès des aventures précédentes de la série du Loup Solitaire, vous avez le droit d'ajouter les Pièces que l'on vient de vous donner à celles que vous possédez peut-être déjà. (Mais n'oubliez pas que vous ne pouvez pas emporter avec vous plus de cinquante Pièces d'Or).
Vous avez maintenant le choix entre divers objets dont la liste vous est présentée ci-dessous. Vous avez le droit de prendre jusqu'à 6 de ces objets qui viendront s'ajouter, le cas échéant, à

ceux dont vous disposez déjà. Rappelez-vous cependant qu'il vous est toujours interdit de porter plus de deux armes à la fois. Voici la liste :

MARTEAU DE GUERRE : (Armes).
POIGNARD : (Armes).
2 POTIONS DE LAUMSPUR : (Objets contenus dans votre Sac à Dos). Chacune de ces potions vous permet de reprendre 4 points d'ENDURANCE lorsque vous la buvez à l'issue d'un combat. Vous disposez là de 2 doses en tout.

ÉPÉE : (Armes)
LANCE : (Armes)
5 RATIONS SPÉCIALES : (Repas). Chacune de ces rations spéciales représente un Repas et occupe la place d'un objet dans votre Sac à Dos. Vous n'êtes bien entendu nullement obligé d'emporter les 5 rations à la fois, vous pouvez n'en prendre qu'une ou deux, à votre convenance.

MASSE D'ARMES : (Armes).
COTTE DE MAILLES : (Objets Spéciaux). Elle ajoute 4 points d'ENDURANCE au total dont vous disposez déjà.

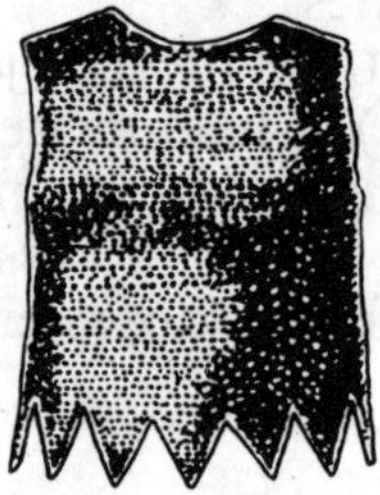

BOUCLIER : (Objets Spéciaux). Si vous l'utilisez lors d'un combat, il ajoute 2 points à votre total d'HABILETÉ.

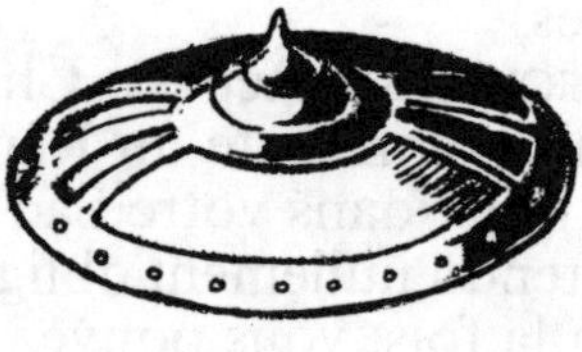

Inscrivez les objets choisis sur votre *Feuille d'Aventure,* dans les cases indiquées entre parenthèses et notez l'effet éventuel que l'un ou l'autre peut avoir sur vos points d'ENDURANCE ou d'HABILETÉ.

Répartition de l'équipement

A présent que vous disposez de votre équipement, il vous faut savoir comment il se répartit afin que vous puissiez le transporter plus aisément. Il n'est pas nécessaire de prendre des notes à ce sujet, vous vous contenterez, en cas de besoin, de vous référer aux indications données dans la liste ci-dessous.

MARTEAU DE GUERRE : Vous le portez à la main.
POIGNARD : Vous le portez à la main.
POTIONS DE LAUMSPUR : Elles sont rangées dans votre Sac à Dos.
ÉPÉE : Portée à la main.
LANCE : Portée à la main.
RATIONS SPÉCIALES : Rangées dans votre Sac à Dos.
MASSE D'ARMES : Portée à la main.
COTTE DE MAILLES : Vous la portez sur vous.
BOUCLIER : Vous le portez en bandoulière lorsque vous ne combattez pas, et à la main lorsque vous affrontez un adversaire.

Combien d'objets pouvez-vous transporter ?

Armes

Vous ne pouvez pas emporter plus de deux armes.

Objets contenus dans votre Sac à Dos

Ils doivent obligatoirement être rangés dans le Sac à Dos, mais la place y est comptée et vous ne pouvez y transporter que huit objets (Repas inclus).

Objets Spéciaux

Les Objets Spéciaux ne sont pas rangés dans votre Sac à Dos. Lorsque vous aurez la possibilité d'acquérir l'un de ces Objets Spéciaux, il vous sera indiqué de quelle manière il convient de le transporter.

Pièces d'Or

Elles sont toujours rangées dans la bourse attachée à votre ceinture. Cette bourse ne peut pas contenir plus de cinquante Pièces d'Or en tout.

Nourriture

Vous transportez votre nourriture dans votre Sac à Dos et chaque Repas compte pour un objet. Tous les objets qui peuvent vous être utiles et que vous aurez la possibilité d'acquérir au cours de votre aventure sont indiqués avec leur initiale en lettre capitale. Chaque fois que vous déciderez d'emporter l'un de ces objets avec vous, il vous faudra l'inscrire sur votre *Feuille d'Aventure*. Ces acquisitions seront rangées dans votre Sac à Dos sauf s'il vous est spécifié qu'il s'agit d'un Objet Spécial.

Comment utiliser votre équipement ?

Armes

Les armes vous aident à combattre vos ennemis. Si vous avez choisi la Discipline de la Maîtrise des Armes et que vous disposiez de l'arme qui vous a été attribuée par la *Table de Hasard,* vous aurez le droit d'ajouter 2 points à votre total d'HABILETÉ. Si vous êtes obligé de combattre sans arme, vous devrez déduire 4 points de votre total d'HABILETÉ et vous battre à mains nues. Si vous découvrez une arme au cours de votre aventure, vous pouvez la garder et l'utiliser, mais rappelez-vous que vous n'avez pas le droit de posséder plus de deux armes à la fois.

Objets contenus dans votre Sac à Dos

Au cours de votre quête, vous découvrirez divers objets qui pourraient se révéler utiles et que vous souhaiterez peut-être conserver (rappelez-vous que vous ne pouvez jamais transporter plus de huit objets dans votre Sac à Dos). Vous avez le droit à tout moment d'échanger l'un de ces objets ou tout simplement de vous en débarrasser, mais il vous est interdit de le faire lorsque vous êtes engagé dans un combat.

Objets Spéciaux

Chacun de ces objets possède des propriétés bien particulières. Parfois, ces propriétés vous seront décrites au moment même de la découverte de l'objet, d'autres fois, il vous faudra attendre qu'elles se révèlent au cours de votre aventure.

Pièces d'Or

La monnaie en cours dans le royaume du Sommerlund est la Couronne qui se présente sous la forme d'une petite Pièce d'Or. Chaque fois que vous tuerez un ennemi et que vous déciderez de fouiller son cadavre, vous aurez le droit de conserver dans votre bourse toutes les Pièces d'Or que vous pourriez trouver sur lui.

Nourriture

Tout au long de votre quête, vous aurez besoin de vous nourrir à intervalles réguliers. S'il ne vous reste plus de vivres lorsque vous serez dans l'obligation de prendre un Repas, vous perdrez 3 points d'ENDURANCE. Mais si vous maîtrisez la Discipline Kaï de la Chasse, vous n'aurez pas à rayer un Repas de votre *Feuille d'Aventure* chaque fois que vous devrez manger (rappelez-vous cependant que si vous vous trouvez dans une région aride ou désertique, il ne vous sera pas possible de faire usage de cette Discipline, faute de gibier).

Potions de Laumspur

Ce sont des Potions de Guérison qui vous permettent de reprendre 4 points d'ENDURANCE lorsque vous en buvez une dose à l'issue d'un combat. Vous disposez en tout de 2 doses. Si, au cours de votre quête, vous veniez à découvrir d'autres potions, leurs effets vous seraient indiqués en temps utile. Toutes les potions font partie des Objets contenus dans votre Sac à Dos.

Règles de combat

Au cours de votre mission, vous aurez parfois à combattre un ennemi. Le texte vous précisera en chaque circonstance quels sont les points d'HABILETÉ et d'ENDURANCE de l'ennemi en question. Le Loup Solitaire (c'est-à-dire vous-même) devra alors s'efforcer de tuer son adversaire en

réduisant à zéro les points d'ENDURANCE de ce dernier, tout en essayant lui-même de perdre le moins possible de points d'ENDURANCE au cours de l'affrontement.
Au début de chaque combat, inscrivez le total d'ENDURANCE du Loup Solitaire, ainsi que celui de l'ennemi sur votre *Feuille d'Aventure*. Ces indications devront être portées dans la case *Compte Rendu des Combats*.
Chaque affrontement se déroule de la manière suivante :

1. Ajoutez à votre total d'HABILETÉ les points supplémentaires que certaines Disciplines Kaï peuvent vous donner.

2. Soustrayez du total ainsi obtenu les points d'HABILETÉ de votre adversaire. Le résultat de cette soustraction vous donnera un *Quotient d'Attaque*. Inscrivez-le sur votre *Feuille d'Aventure*.

Exemple

Imaginons que le Loup Solitaire dispose d'un total d'HABILETÉ de 15 et qu'il soit attaqué par un Diable Volant dont les points d'HABILETÉ s'élèvent à 20 : le Loup Solitaire n'a aucune possibilité de fuite, il lui faut combattre la créature qui fond sur lui. Admettons alors que le Loup Solitaire ait choisi la Discipline Kaï de la Puissance Psychique contre laquelle le Diable Volant n'est pas protégé ; dans ce cas, le Loup Solitaire ajoutera 2 points à son total d'HABILETÉ qui atteindra donc 17.
Il retranchera ensuite le total d'HABILETÉ du Diable Volant de son propre total, ce qui lui donnera un *Quotient d'Attaque* de – 3 (17 – 20

= – 3). Il faudra alors inscrire – 3 dans la case *Quotient d'Attaque* de la *Feuille d'Aventure*.

3. Lorsque vous connaissez votre *Quotient d'Attaque,* utilisez la *Table de Hasard* à la manière habituelle pour obtenir un chiffre.

4. Reportez-vous ensuite à la *Table des Coups Portés* qui figure à la fin de ce livre. Dans la ligne supérieure de cette *Table* sont indiqués les *Quotients d'Attaque*. Trouvez le *Quotient* que vous avez calculé, puis descendez la colonne au-dessous jusqu'à la case située à l'intersection de la ligne horizontale correspondant au chiffre obtenu à l'aide de la *Table de Hasard* (ces chiffres sont indiqués sur le côté gauche de la *Table des Coups Portés*). Vous connaîtrez ainsi le nombre de points d'ENDURANCE que l'ennemi et le Loup Solitaire auront chacun perdu lors de cet assaut. (La lettre *E* vous donne les points d'ENDURANCE perdus par l'ennemi, les lettres *LS,* ceux perdus par le Loup Solitaire).

Exemple

Le *Quotient d'Attaque* entre le Loup Solitaire et le Diable Volant était de – 3. Admettons que le chiffre donné par la *Table de Hasard* soit 6. Le résultat du premier Assaut sera alors le suivant :
Le Loup Solitaire perd 3 points d'ENDURANCE.
Le Diable Volant perd 6 points d'ENDURANCE.

5. Après chaque Assaut, notez sur la *Feuille d'Aventure* les modifications intervenues dans le total d'ENDURANCE de chaque adversaire.

6. A moins que des indications différentes ne

vous soient données, ou que vous ayez la possibilité de prendre la fuite, un nouvel Assaut devra ensuite être mené.

7. Reprenez le déroulement des opérations à partir de l'étape numéro 3.

Le combat se poursuit jusqu'à ce que le total d'ENDURANCE de l'ennemi ou du Loup Solitaire ait été réduit à zéro ; celui qui a perdu tous ses points d'ENDURANCE est alors considéré comme mort. Si c'est le Loup Solitaire, — c'est-à-dire vous — qui a succombé, l'aventure est terminée. Si c'est l'ennemi qui est tué, le Loup Solitaire peut poursuivre sa mission mais avec un total d'ENDURANCE moins élevé.

Possibilités de fuite

Au cours de votre aventure, la possibilité d'échapper à un combat vous sera parfois accordée. Si vous avez déjà engagé un Assaut et que vous décidiez de prendre la fuite, menez d'abord cet Assaut à son terme en observant les règles habituelles. Mais votre adversaire ne perdra alors aucun point d'ENDURANCE. Seul vous, le Loup Solitaire, perdrez le nombre de points indiqué par la *Table des Coups Portés*. Vous pourrez ensuite vous enfuir après avoir payé votre couardise par la réduction de votre total d'ENDURANCE. Mais rappelez-vous que vous n'aurez le droit de prendre la fuite que si vous y êtes autorisé ; les précisions nécessaires vous seront fournies à chaque fois.

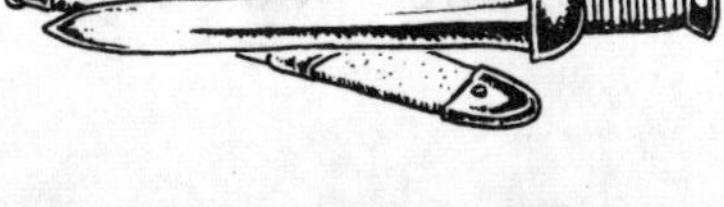

Niveaux d'entraînement Kaï

Le tableau ci-dessous vous indique les divers rangs et titres qui sont accordés aux Seigneurs Kaï à chaque étape de leur entraînement. A chaque fois que vous aurez accompli avec succès une mission de la série du Loup Solitaire, vous aurez la maîtrise d'une Discipline Kaï supplémentaire et vous pourrez ainsi accéder progressivement à la connaissance complète des Dix Disciplines Kaï.

Nombre de Disciplines Maîtrisées par le Seigneur Kaï	Titre correspondant
1	Postulant
2	Novice
3	Apprenti
4	Disciple
5	Initié (c'est le rang que vous avez quand vous entreprenez pour la première fois une aventure du Loup Solitaire).
6	Aspirant
7	Gardien
8	Guerrier ou Compagnon
9	Savant
10	Maître

La sagesse Kaï

Votre mission sera infiniment périlleuse : vous allez devoir, en effet, vous aventurer dans les terres sinistres et hostiles qui s'étendent au sud du Pays Sauvage. Servez-vous de la carte qui figure au début de l'ouvrage pour établir votre itinéraire jusqu'à Ruanon. Prenez des notes à mesure que vous progresserez dans votre quête, elles vous seront profitables lors de futures missions.

Vous allez découvrir des objets qui vous seront d'une grande aide dans le déroulement de votre aventure. Certains Objets Spéciaux pourront vous servir lorsque vous entreprendrez d'autres missions du Loup Solitaire, dans les livres suivants, mais il arrivera également qu'un objet qui vous paraissait utile se révèle par la suite tout à fait inefficace. Aussi devrez-vous choisir avec discernement les objets que vous déciderez d'emporter avec vous.

De nombreux chemins mènent à Ruanon, mais un seul vous permettra d'atteindre la ville minière et de retrouver le capitaine Gayal en courant un minimum de risques. Pour réussir votre mission, il vous faudra faire preuve d'un grand courage et choisir judicieusement les Disciplines Kaï que vous souhaitez maîtriser. Vous pourrez alors parvenir avec succès au terme de votre aventure, même si vos points d'HABILETÉ et d'ENDURANCE sont faibles. Il n'est pas indispensable, pour mener cette quête, d'avoir accompli les missions précédentes de la série du Loup Solitaire. Vous pouvez en effet vous lancer dans cette aventure sans avoir vécu les épisodes passés.

Et maintenant, bonne chance !

Ce parchemin a
été décerné à

____

initié à la maîtrise
des disciplines Kaï

Le Capitaine Gayal a disparu...

La province de Ruanon est une lointaine région minière située au sud de votre patrie, le royaume du Sommerlund. Nichés entre les pics sinistres des monts Durncrag et de la chaîne de Maaken, les habitants de cette contrée ont longtemps prospéré grâce à l'exploitation de leurs mines aux riches filons, vivant paisibles du fruit de leur rude labeur sous la protection de leur seigneur, le Baron Vanalund.

L'or et les pierres précieuses qui sont extraits des mines de Ruanon constituent une importante source de revenus pour votre pays. Chaque mois, des soldats du Sommerlund escortent un convoi de chariots qui quitte la province pour se rendre dans la capitale et y apporter son chargement de richesses. Ce transport mensuel est devenu une routine dont jamais, jusqu'à présent, la régularité n'avait été interrompue. Le mois dernier, cependant, tout contact a été soudain perdu avec Ruanon. Une troupe d'une centaine de cavaliers de la garde royale fut aussitôt envoyée dans la région pour essayer de retrouver le convoi disparu. L'officier commandant ce détachement, le capitaine Gayal, avait reçu l'ordre de faire son rapport directement au roi dès qu'il aurait découvert le convoi. Hélas, ni lui, ni ses hommes ne sont revenus : eux aussi ont disparu sans laisser la moindre trace.

Le roi vous a alors convoqué, vous, le Loup Solitaire, dernier des Seigneurs Kaï, à la citadelle de Holmgard. Là, vous avez reçu pour mission de retrouver le capitaine Gayal et ses hommes et de découvrir ce qui était arrivé au convoi volatilisé. Il vous faudra également éclaircir le mystère qui plane désormais sur la province de Ruanon. Le roi a réuni un détachement de patrouilleurs frontaliers, une unité d'éclaireurs d'élite composée de cavaliers aguerris spécialisés dans les techniques de survie en milieu hostile. Le monarque a ordonné à ces cinquante hommes de vous accompagner en espérant que, sous votre commandement, ils pourront réussir là où ont échoué des forces plus nombreuses et sans doute trop visibles.

Tandis que vos hommes et vous-même vous rendez à l'Armurerie Royale pour y recevoir votre équipement, vous apercevez un corbeau sur le rebord d'une haute fenêtre. Il s'envole presque aussitôt, mais un frisson vous parcourt l'échine : à Holmgard, en effet, le corbeau est un oiseau de mauvais augure...

1

Pendant trois jours vous menez votre détachement de patrouilleurs à travers les plaines fertiles situées au sud du Sommerlund. C'est là la première étape de votre voyage. Les champs qui vous entourent sont entièrement dépourvus d'arbres et vous n'apercevez que de vastes surfaces de blé qui semblent s'étendre à l'infini. Bien que vous soyez à cheval, les épis de blé vous arrivent au-dessus du genou et vos montures paraissent nager dans un immense océan d'un jaune éclatant où apparaît parfois un sentier ou un groupe de fermes isolées. Les habitants de la région vous accueillent avec chaleur, mais vous ne faites que de brèves haltes pour vous restaurer et vous reposer. Vous ne voulez pas, en effet, abuser de l'hospitalité des paysans ni les inquiéter en leur laissant deviner la nature de votre mission. Le quatrième jour vers midi, vous atteignez la passe de Moytura. Là, les plaines font place aux contreforts déchiquetés des monts Durncrag. Bientôt vous arrivez sur une grande route orientée au sud et dont la surface est creusée d'ornières et de nids de poule. C'est la célèbre voie de Ruanon. Au sud de la passe, la voie de Ruanon traverse sur 150 km environ un territoire à découvert qu'on appelle La Contrée des Pillards. Des bandes de brigands venues du Pays Sauvage et des hordes de Gloks descendues des montagnes de l'ouest tendent fréquemment des embuscades aux voyageurs qui empruntent la grande route. A plusieurs reprises, les chargements d'or et de pierres précieuses, en provenance des mines de Ruanon ont ainsi offert de riches butins à ces voleurs impitoyables. « Eclaireurs, en position ! » C'est vous qui venez de donner cet ordre ; aussitôt trois groupes de patrouilleurs s'écartent de la colonne et lancent leurs chevaux au galop. Vous regardez avec fierté ces habiles cavaliers prendre position pour reconnaître le terrain en avant et sur les flancs de la troupe en marche. A la fin de l'après-midi l'un des éclaireurs revenant de l'ouest, vient vous montrer une sorte de cratère rocheux d'où s'élève un filet de fumée : de toute évidence il y a là une maison dissimulée à l'abri des rocs en surplomb. Si vous souhaitez examiner cette maison, rendez-vous au **160.** Si vous préférez ne pas y prêter attention et poursuivre votre chemin le long de la voie de Ruanon, rendez-vous au **273.**

2

En fouillant les cadavres des brigands, vous découvrez les objets suivants :

- 1 Epée,
- 1 Masse d'Armes,
- 1 Poignard,
- 1 Marteau de Guerre,
- 12 Pièces d'Or,
- 1 Sac à Dos,
- des vivres équivalents à deux Repas.

Vous pouvez prendre un ou plusieurs de ces objets en n'oubliant de les noter sur votre *Feuille d'Aventure*. Vous ramassez ensuite la carte posée sur la table tachée de sang et vous remarquez alors que la pièce dans laquelle vous vous trouvez a été entourée à l'encre noire. Ce plan vous indique qu'une porte aménagée dans le mur du fond ouvre sur une galerie qui mène directement à la surface. Impatient de quitter ce lieu où règne la mort, vous franchissez la porte et vous courez le long du passage en direction d'un lointain rayon de soleil. Il vous faut plusieurs secondes pour habituer vos yeux à la lumière du jour, mais peu à peu vous réalisez enfin que vous avez réussi à vous échapper des mines de Maaken ; vous êtes à présent dans les contreforts de l'est à moins de trois kilomètres de la ville de Ruanon elle-même. Vous apercevez cependant un groupe de Guerriers Pillards qui inspectent l'une des entrées de la mine, juste au-dessous de la corniche rocheuse sur laquelle vous êtes à présent accroupi. Si vous voulez atteindre Ruanon vivant, vous devez à tout prix éviter ces brigands. Vous attendez donc que le groupe de Pillards soit hors de vue puis vous descendez un sentier escarpé qui mène à une forêt touffue. Vous faites une brève halte pour reprendre votre souffle et vous repartez aussitôt après en direction de Ruanon que vous attein-drez après avoir traversé la forêt. Rendez-vous au **200**.

3

Vous montez sur la barricade et vous lancez un ordre : « Tendez les arcs ! » puis, tandis que le mur de boucliers de l'ennemi s'avance en une course mortelle vous ordonnez à vos archers de tirer. Les boucliers de bois et de peau de vos ennemis ne suffisent pas à les protéger de cette pluie de flèches qui s'abat sur eux. Ils s'immobi-lisent et semblent vaciller, de larges brèches s'ouvrant dans leurs rangs, tandis que les lan-ciers s'effondrent par dizaines sur le sol. Rares sont ceux qui n'ont pas été blessés. Vous sentez alors que le vent de la bataille a tourné. Les sol-dats ennemis battent en retraite, portant leurs blessés à dos d'homme ou sur leur bouclier retourné. Vous sautez à bas de la barricade et vous vous précipitez vers la tour de guet où le capitaine Gayal, dans un combat acharné, est toujours aux prises avec des brigands à cheval. Vous vous apprêtez à enjamber le corps d'un des bandits, apparemment mort, lorsque celui-ci se relève à cet instant et vous porte un coup aux jambes à l'aide d'une masse d'armes. Cette atta-que surprise vous projette à terre et vous fait perdre un point d'ENDURANCE. Rendez-vous au **62**.

4

Vous reconnaissez aussitôt ces champignons : ce sont des Calacena. Leurs spores sont très recherchées par les illusionnistes et les magi-ciens, bien qu'elles causent dit-on, de terribles hallucinations qui peuvent même conduire à la folie. Vous avancez donc avec précaution en prenant bien soin de ne pas marcher sur les champignons chargés de spores. Le tunnel se prolonge sur plusieurs kilomètres puis aboutit enfin à une longue galerie déserte. Rendez-vous au **40**.

5

Vous le projetez à terre et, à l'aide de votre cape de Seigneur Kaï, vous étouffez le feu qui le dévore. Les flammes s'éteignent bientôt et vous vous hâtez d'enlever votre cape pour voir si le capitaine est blessé. La promptitude de vos réflexes lui a sauvé la vie : il est indemne, en effet, seul son uniforme est brûlé et déchiré. « C'est à mon tour de vous remercier Loup Solitaire, cette fois c'est vous qui m'avez sauvé d'une mort certaine. » Vous aidez le capitaine à se relever et vous vous précipitez vers la barricade. L'ennemi a maintenant atteint le périmètre en ruines de Ruanon et s'avance peu à peu à l'abri des murs encore debout. Vous montez sur un chariot retourné et vous ordonnez aux soldats du Sommerlund de revenir sur les barricades. Mais est-il encore temps de repousser l'attaque ? Rendez-vous au **186**.

6

Vous arrivez bientôt au croisement où le sentier aboutit à la grand-route. Vous apercevez à nouveau le chariot brûlé est abandonné sur le bas-côté. Si vous n'avez pas encore examiné ce chariot, vous pouvez le faire en vous rendant au **80**. Si vous préférez ne pas y prêter attention et poursuivre votre chemin le long de la grand-route en direction du sud, rendez-vous au **175**.

7

Votre adversaire tombe de selle, le pied coincé dans l'un des étriers, et son corps est entraîné par le cheval qui part au galop. Le vacarme de la bataille fait rage autour de vous. Vous vous rendez compte alors que ces cavaliers en armure ne sont pas des brigands ordinaires. Ils combattent en effet avec une discipline et une habileté dont ne sont guère coutumiers les hors-la-loi du Pays Sauvage. Un cheval passe à côté de vous, portant le cadavre d'un patrouilleur encore en selle. Vous saisissez les rênes de l'animal et vous récupérez une corne de guerre, accrochée au cou de l'homme mort. Si vous voulez éviter un désastre complet, vous savez en effet qu'il vous faut au plus vite sonner la retraite. Vous tournez votre monture en direction du sud et vous lancez au galop le cheval éclaboussé de sang. Les rescapés de votre troupe vous suivent de près, tandis que résonnent à vos oreilles les cris de victoire de l'ennemi. Rendez-vous au **154**.

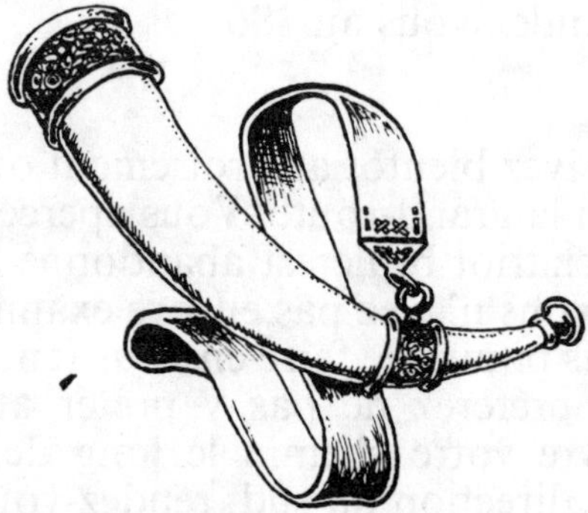

8

Vos hommes amarrent le bateau à un anneau de fer rouillé puis vous suivent dans l'escalier qui mène à l'arcade. Lorsque vous arrivez sur un étroit palier, au sommet des marches de granite, vous entendez d'étranges sons provenant de l'obscurité : on dirait le sifflement d'un jet de vapeur. Le bruit dure quelques secondes, puis il est interrompu brusquement par un claquement de fouet et la voix d'un homme poussant des jurons. Si vous souhaitez entrer dans le tunnel qui s'ouvre devant vous, rendez-vous au **151.** Si vous préférez ne pas pénétrer dans ce souterrain, vous pouvez retournez sur le bateau et continuer le long de la rivière souterraine en vous rendant au **240.**

9

Vous êtes saisi de panique en sentant le pont se dérober sous vos pieds. Vous plongez en avant et vous parvenez à attraper de justesse l'une des planches de la passerelle. Vous êtes loin cependant d'être tiré d'affaire. Vous sentez en effet vos mains glisser de leur prise ct, par ailleurs, le pont qui s'effondre va venir s'écraser dans quelques instants contre le mur d'en face. Si vous souhaitez vous cramponner à la passerelle et vous préparer au choc qui vous attend, rendez-vous au **112.** Si vous préférez lâcher prise et sauter dans les profondeurs inconnues du puits de mine rendez-vous au **342.**

10

Le Guerrier recule en vacillant puis bascule par-dessus les remparts, tombant parmi les combattants engagés dans la bataille qui fait rage. Sa monture emplumée s'envole en poussant un hideux croassement dans le ciel d'orage. Vous trouvez alors sur le sol taché de sang un magnifique Médaillon d'Onyx arraché à l'armure du Guerrier au moment de sa chute. Si vous souhaitez conserver ce Médaillon d'Onyx, glissez-le dans votre poche et inscrivez-le sur votre *Feuille d'Aventure* dans la case Objets Spéciaux. Quittez à présent la tour de guet en vous rendant au **59.**

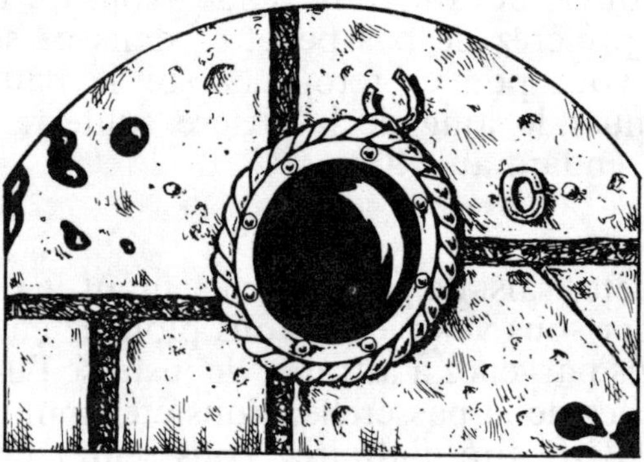

11

Vous avez parcouru une vingtaine de mètres environ lorsque vous arrivez soudain devant une paroi rocheuse. Vous vous trouvez dans un cul-de-sac. Ce tunnel a été creusé récemment et vous ne pouvez pas aller plus loin dans cette direction. Il ne vous reste donc plus qu'à retourner au croisement. Utilisez la *Table de Hasard* pour obtenir un chiffre. Si vous tirez un chiffre entre 0 et 4, rendez-vous au **97.** Entre 5 et 9, rendez-vous au **190.**

12

A 80 kilomètres au sud de Ruanon, la cité en ruines de Maaken se dresse tout au bord des gorges du même nom. Vous sentez soudain une sueur froide perler à votre front : vous venez en effet de vous rendre compte que, pour atteindre votre but, il vous faudra parcourir 80 kilomètres de terrain entièrement contrôlé par l'ennemi. Il vous reste cependant une lueur d'espoir. Vos chances de succès devraient être à présent plus grandes qu'avant la bataille compte tenu de la déroute des armées adverses. Avant de vous mettre en chemin le capitaine Gayal vous offre les objets suivants, parmi lesquels vous pourrez faire votre choix.

- des vivres équivalant à trois Repas,
- 1 Corde,
- 1 Potion de Laumspur qui vous permettra de reprendre quatre points d'ENDURANCE lorsque vous la boirez après un combat,
- 1 Epée,
- 1 Lance.

Faites votre choix et modifiez en conséquence votre *Feuille d'Aventure*. Rendez-vous ensuite au **140.**

13

Le spectacle se termine et vous vous préparez à une nuit de sommeil. A l'aube du lendemain, vos hommes et vous-même prenez congé des troubadours avant de poursuivre votre chemin en direction de Ruanon. Utilisez la *Table de Hasard* pour obtenir un chiffre. Si vous tirez un chiffre entre 0 et 4, rendez-vous au **171.** Entre 5 et 9, rendez-vous au **25.**

14

Vos patrouilleurs se déploient et avancent sans bruit à l'abri de gros rochers. Lorsque vous êtes arrivés à proximité de l'ennemi, vous lancez un sifflement perçant : c'est le signal de l'attaque ! Immédiatement vos soldats se précipitent sur les brigands. Deux de ces derniers meurent sur le coup, le crâne fracassé par les épées des patrouilleurs. Un troisième fait volte-face pour s'enfuir, mais il est tué à son tour et précipité dans l'eau parsemée d'écume. Votre propre adversaire est un redoutable Guerrier : d'énormes bracelets d'acier lui protègent les poignets et les avant-bras, et un sinistre collier composé de têtes réduites orne sa poitrine. Vous portez le premier coup, mais ses réflexes sont vifs comme l'éclair. Il esquive en effet et contre-attaque à l'aide de sa lance.

GUERRIER
PILLARD HABILETÉ : 17 ENDURANCE : 28

Vous pouvez prendre la fuite à tout moment en plongeant dans la rivière Xane : rendez-vous pour cela au **31.** Si vous combattez et que vous soyez vainqueur, rendez-vous au **146.**

15

Vous avez parcouru moins de 100 mètres, lorsque vous remarquez des traces fraîches de sabots dans la poussière du sentier. Si vous maîtrisez la Discipline Kaï de l'Orientation, rendez-vous au **264.** Sinon, rendez-vous au **134.**

14 *Votre adversaire est un redoutable guerrier.*

16

Vous atteignez la porte que vous vous hâtez de franchir. A l'extérieur de la taverne, le terrain est escarpé et couvert d'une forêt dense. Deux de vos hommes vous suivent, mais ils sont tous deux grièvement blessés, et ne parviennent pas à courir aussi vite que vous. Vous vous retournez pour les encourager de la voix, mais ils sont alors brutalement frappés dans le dos et s'effondrent morts sur le sol. Les brigands qui les ont tués essuient leurs armes et se lancent à votre poursuite. Si vous souhaitez vous enfuir tout droit dans la forêt, rendez-vous au **123.** Si vous préférez changer de direction dès que les arbres vous cacheront aux yeux de vos poursuivants, rendez-vous au **169.**

17

La pointe d'une lance vous a écorché l'avant-bras. Il ne s'agit que d'une simple égratignure et pourtant votre bras s'est soudain engourdi au point que vous ne pouvez plus le remuer. Vous frappez votre agresseur, mais votre coup est trop faible et mal porté pour se révéler efficace. Votre vue se trouble, vous ne parvenez plus à coordonner vos mouvements. Une terreur aveugle vous envahit lorsque vous vous rendez compte soudain que ces bandits utilisent des armes empoisonnées. Une autre lance vous atteint à nouveau au bras et une autre encore s'enfonce dans votre poitrine. Vous sombrez peu à peu dans l'obscurité en emportant de ce monde une dernière vision : celle du rictus triomphant de vos assassins en train de vous achever. Votre mission se termine ici en même temps que votre vie.

18

Vous reconnaissez ces traces de sabots. Ce sont celles d'un cheval de la cavalerie du Sommerlund. Il y a deux rangées de traces et vous avez la conviction qu'elles ont été laissées par deux de vos éclaireurs disparus. Vous décidez donc de les suivre en direction de l'est dans l'espoir de retrouver vos hommes. Rendez-vous au **150.**

19

Vous reconnaissez aussitôt ces amulettes. Elles sont le symbole du « Saint Ordre des Rédempteurs », une communauté de pèlerins contemplatifs dont la vie est consacrée à la prière et à la guérison. Vous présentez vos excuses pour avoir réagi d'une manière trop hâtive et les deux hommes hochent leur tête rasée en signe de pardon. Vos soldats ont établi le campement à l'abri du dôme de marbre et tout le monde se prépare à une bonne nuit de sommeil. Vous avez faim à présent et il vous faut prendre un Repas sinon vous perdrez trois points d'ENDURANCE. Rendez-vous au **233.**

20

Une flèche siffle au-dessus de votre tête et un cri de douleur retentit aussitôt. L'arc glisse des mains de l'archer qui s'affaisse sur les genoux, une flèche enfoncée entre ses deux yeux stupéfaits. Des halètements et des bruits de pas feutrés vous indiquent que les Chiens de Guerre se rapprochent. En levant le regard, vous voyez un homme courir vers vous en provenance de la barricade. Il porte un bouclier dans une main et un arc dans l'autre. C'est le capitaine Gayal. Il vous rejoint, le souffle court, et saisit une flèche dans son carquois. Puis il vise et tire, prenant une autre flèche dès que la première a été lâchée. Autour de vous, les Chiens de Guerre trébuchent et s'effondrent sur le sol, transpercés par les flèches mortelles du capitaine Gayal. Dix cadavres restent ainsi étendus sur le terrain avant que son carquois ne soit vide. Le capitaine vous saisit alors par le bras puis, vous hissant sur son épaule d'un seul geste rapide, il vous ramène en direction de la barricade. D'autres soldats se précipitent pour vous aider, mais les brigands se sont rapprochés et vos compatriotes se trouvent contraints de reculer sous une pluie de flèches. Les projectiles rouges de l'ennemi sifflent de tous côtés. Vous atteignez la barricade, l'un des chariots est repoussé et vous franchissez ainsi la ligne de défense, toujours porté par le capitaine Gayal proche de l'épuisement. Il titube et ses soldats se ruent sur lui pour le retenir au moment où il s'effondre sur le sol. Rendez-vous au **341**.

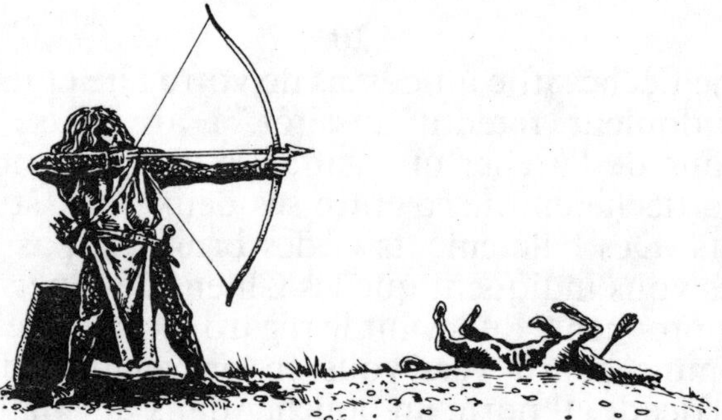

21

Au bout d'une demi-heure, l'un de vos hommes déclare avoir repéré un sentier un peu plus loin. Ce chemin étroit et couvert de poussière est orienté est-ouest. Si vous souhaitez le suivre en direction de l'est, rendez-vous au **134.** Si vous préférez l'emprunter en direction de l'ouest, rendez-vous au **191.** Enfin, si vous maîtrisez la Discipline Kaï de l'Orientation, rendez-vous au **264.**

22

En fouillant dans votre Sac à Dos pour y prendre une Torche vous faites tomber dans le vide un autre des objets qu'il contient (si vous n'aviez qu'une Torche dans votre Sac à Dos, à l'exclusion de tout autre objet, c'est une Arme que vous aurez perdue. Vous choisirez vous-même l'objet tombé). Vous parvenez enfin à allumer la nouvelle Torche et vous traversez le pont sans encombre. Poursuivez votre chemin le long du tunnel en vous rendant au **157.**

23

Lorsque vous atteignez la porte, vous vous apercevez qu'elle est fermée à clé. Si vous possédez une Clé de Cuivre, rendez-vous au **282,** sinon rendez-vous au **105.**

24

Vous sautez par-dessus le corps du Guerrier mort et vous pénétrez dans la tour de guet. Montant quatre à quatre le large escalier de pierre, vous atteignez un palier au premier étage où deux soldats tirent des flèches à travers des meurtrières. Soudain, l'un d'eux pousse un cri de douleur et recule en chancelant, une flèche enfoncée dans la poitrine. Si vous maîtrisez la Discipline Kaï de la Guérison, vous pouvez venir en aide à ce soldat blessé en vous rendant au **238.** Si vous souhaitez continuer à monter les marches jusqu'au sommet de la tour, rendez-vous au **223.** Si vous préférez ramasser l'arc du soldat blessé et prendre sa place derrière la meurtrière, rendez-vous au **207.**

25

Après avoir traversé les riches champs de blé situés au sud du Sommerlund, le spectacle qui s'offre à présent à vos yeux vous paraît singulièrement morne et sinistre. Un paysage plat et désolé, parsemé çà et là de fougères rabougries et de tertres rocheux, s'étend devant vous. Au cours de l'après-midi des nuages d'orage s'amoncellent au sommet des monts Durncrag, à l'ouest, et un lointain grondement de tonnerre annonce l'arrivée imminente de la pluie. En début de soirée, vos éclaireurs vous annoncent qu'ils ont découvert les ruines d'un ancien temple à moins d'un kilomètre et demi de la grand-route. Si vous souhaitez établir votre campement à l'abri de ces ruines, rendez-vous au **290.** Si vous préférez éviter ce temple et poursuivre votre chemin, rendez-vous au **141.**

26

Tandis que vous courez vers l'échelle, vous entendez les cris épouvantables de vos hommes en train de mourir dévorés vivants. Vous vous immobilisez et vous jetez un coup d'œil derrière vous, dans le tunnel. Le Ver de Pierre est maintenant à cinq mètres environ et ondule dans

26 *Le Ver de Pierre ondule dans votre direction à une allure terrifiante.*

votre direction à une allure terrifiante. Il est clair que vous n'atteindrez pas l'échelle à temps. Il ne vous reste donc plus qu'à combattre. La créature est invulnérable à la Discipline Kaï de la Puissance Psychique.

VER DE PIERRE HABILETÉ : 15 ENDURANCE : 38

Si vous êtes vainqueur rendez-vous au **321.**

27

Vous sautez à bas du chariot et vous vous précipitez vers une forêt touffue dont la lisière se trouve à moins de 20 mètres de la voie ferrée. La chance est avec vous : les bandits en effet n'ont pas remarqué votre fuite audacieuse et les chariots poursuivent leur chemin en direction du portique. Vous faites une brève halte pour reprendre votre souffle, adressant des remerciements silencieux à l'étranger qui vous a aidé, puis vous poursuivez votre marche parmi les arbres. Rendez-vous au **200.**

28

Le Guerrier laisse échapper un dernier cri de douleur avant de basculer dans le puits de mine et de disparaître dans les ténèbres. Ses hommes semblent terrifiés par vos prouesses de combattant et se bousculent les uns les autres dans leur hâte d'échapper à un sort semblable. Tandis que les échos de leurs pas précipités s'évanouissent dans le tunnel, vous traversez le pont et vous quittez les lieux en empruntant un souterrain qui s'ouvre dans le mur situé à l'ouest. Rendez-vous au **348.**

29

La Torche projette une lueur ardente qui, quelques secondes plus tard, vacille et s'éteint. Vous essayez de la rallumer, mais vos efforts restent vains. Si vous avez d'autres Torches dans votre Sac à Dos vous vous apercevrez que, pour quelque mystérieuse raison, il vous sera également impossible de les allumer. Si vous disposez d'une Sphère de Feu, rendez-vous au **168.** Si vous souhaitez poursuivre votre chemin dans l'obscurité rendez-vous au **246.** Si vous préférez quitter l'endroit et essayer d'entrer par la porte de la crypte que surveillent les Gardes rendez-vous au **183.**

30

Cette longue marche de nuit et le manque de sommeil commencent à produire leurs effets sur vos hommes et leurs chevaux. Quels que soient vos efforts pour essayer d'accélérer l'allure de votre troupe, vous ne parvenez pas à distancer la horde des brigands. Soudain, un groupe nombreux de cavaliers vêtus d'armures surgit de derrière une éminence de terre, à votre gauche. Ces soldats essaient de vous couper la route pour vous empêcher d'avancer. Lancés les uns contre les autres, vous n'allez pas tarder à les heurter avec violence et vous vous préparez au choc. Rendez-vous au **176.**

31

L'eau est sombre, très froide et son courant tumultueux vous emporte irrésistiblement vers un nouveau danger que vous n'aviez pas prévu : des rapides. Le fracas de l'eau bouillonnante est si intense qu'il en devient assourdissant. Vous aspirez une grande bouffée d'air en vous préparant à affronter les remous torrentiels qui menacent de vous engloutir. Utilisez la *Table de Hasard* pour obtenir un chiffre. Si vous tirez un chiffre entre 0 et 4, rendez-vous au **272.** Entre 5 et 9, rendez-vous au **329.**

32

La hideuse créature vous lâche les jambes et sombre au fond de l'eau. Votre victoire vous réjouit, mais vous avez l'impression que vos poumons sont en feu. Vous vous débattez pour remonter à la surface et vous parvenez enfin à respirer à nouveau, toussant et haletant. Il ne reste du bateau et de vos hommes qu'une rame fracassée qui flotte à la surface de la sombre et terrifiante rivière. Vous vous accrochez à ce débris et vous vous laissez emporter par le courant en direction de la rive opposée sur laquelle vous vous hissez. En vérifiant le contenu de votre Sac à Dos et de vos poches, vous constatez que vous n'avez rien perdu au cours de votre lutte dans l'eau, mais c'est là une mince consolation au regard de la catastrophe que représente la mort de vos hommes. Vous refusez cependant de perdre courage et vous décidez de poursuivre votre chemin vers Ruanon pour tenter de percer le mystère qui pèse sur la province. Avant d'entrer dans le tunnel orienté à l'est, vous jetez un dernier regard à la rivière aux eaux noires puis vous vous rendez au **309.**

33

La nuit est presque tombée lorsque vous atteignez une vallée envahie d'une forêt touffue. La grand-route disparaît au loin parmi les arbres et vous apercevez un panneau indicateur montrant la direction du sud. Vous n'êtes plus à présent qu'à 60 km de Ruanon, mais vos hommes sont fatigués et ont besoin de manger et de se reposer. Si vous souhaitez établir votre campement en lisière de la forêt, rendez-vous au **74.** Si vous préférez envoyer des éclaireurs dans la vallée pour repérer d'éventuels brigands, rendez-vous au **139.** Enfin, si vous décidez de poursuivre votre chemin vers Ruanon sans manger ni dormir, rendez-vous au **251.**

34

La créature est éblouie par la clarté d'or du Glaive de Sommer. Une expression de terreur apparaît sur son visage de vampire et elle s'élance dans les airs pour éviter votre coup. Vous vous préparez à frapper à nouveau, mais en vain : votre adversaire silencieux vient de s'enfuir par une fente du plafond. Vous remettez votre Glaive au fourreau et vous poursuivez votre chemin. Vous remarquez alors une ouverture dans le mur, au-delà de laquelle s'étend un couloir long et étroit. Si vous souhaitez emprunter ce couloir, rendez-vous au **235.** Si vous préférez quitter les lieux et essayer d'entrer dans le temple par la porte de la crypte que surveillent les gardes, rendez-vous au **183.**

35

Mettant en pratique votre Discipline Kaï vous vous dissimulez dans les ombres qui se projettent contre les murs et vous avancez prudemment en direction du pont. Soudain, le Garde pose son morceau de bois et vous tourne le dos. Il est en train de fouiller dans son sac à dos pour y chercher quelque nourriture. C'est là l'occasion où jamais de vous précipiter vers le pont en brandissant votre arme dont vous frapperez le Garde par surprise. Utilisez la *Table de Hasard* pour obtenir un chiffre. Si vous maîtrisez la Discipline Kaï de la Chasse ou si vous avez atteint le rang Kaï de Gardien (ou un rang supérieur) vous ajouterez 3 au chiffre que vous aurez tiré. Si vous obtenez un total de 0 à 7, rendez-vous au **147.** De 8 à 12, rendez-vous au **231.**

36

Les Chiens de Guerre se précipitent dans votre direction à une vitesse décourageante. Vous distinguez nettement leurs énormes mâchoires aux babines rouges et vous entendez leurs crocs s'entrechoquer. Vous vous efforcez de contrôler votre respiration et vous faites appel à toutes vos ressources d'habile guerrier : il vous faut en effet vous débarrasser de ces Chiens de Guerre sans commettre la moindre erreur sinon vous serez littéralement déchiqueté. Deux molosses plus rapides que leurs congénères se détachent de la meute et se ruent sur vous. Ils bondissent en même temps, leurs mâchoires grandes ouvertes dégoulinant de bave. Vous plongez à terre et vous roulez sur vous-même en les frappant au ventre à l'instant précis où ils s'élancent au-dessus de vous. Les deux créatures poussent un hurlement de rage et de douleur puis s'effondrent sans vie sur le sol. Vous vous relevez aussitôt, juste à temps pour affronter un nouveau Chien de Guerre.

CHIEN DE GUERRE HABILETÉ : 17 ENDURANCE : 25

Si vous gagnez le combat en trois Assauts ou moins rendez-vous au **155.** S'il vous faut plus de trois Assauts pour remporter la victoire, rendez-vous au **277.**

37

Vous faites signe au conducteur de la roulotte de tête de s'arrêter. La caravane s'immobilise bientôt et un petit homme au visage lunaire, vêtu d'une tunique rose vif ouvre à la volée la porte arrière de la roulotte. Descendant du véhicule il se met à hurler en injuriant le conducteur et ne consent à s'interrompre que pour rajuster la large ceinture qui entoure son énorme ventre. Puis, voyant vos hommes, il laisse alors échapper un cri étranglé et, d'un geste précipité, saisit la poignée d'un sabre qui pend à sa ceinture. « Des brigands ! des voleurs ! » s'écrie-t-il en s'efforçant d'arracher le sabre à son fourreau ouvragé. Des visages inquiets apparaissent aux fenêtres de la roulotte, mais leur expression se change bientôt en un sourire. Les voyageurs ont reconnu les uniformes du Sommerlund. « Calme-toi, Yesu, crie une vieille femme, ce sont des patrouilleurs sommerlundais. Ils ne te voleront pas ton or. » Des éclats de rire retentissent dans toutes les roulottes lorsque le petit homme gras dégaine soudain son sabre avec tant de force qu'il tourne sur lui-même, puis trébuche et tombe sur le sol. « Il faut pardonner à Yesu, vous dit la vieille femme, il ne vous veut aucun mal, c'est la Contrée des Pillards qui le rend aussi nerveux. » Vous demandez à la vieille femme d'où ils viennent et où ils se rendent. Elle vous apprend alors que la caravane transporte une troupe de musiciens et d'acteurs qui ont voyagé longtemps, quittant leur terre natale de Clœasia à l'est pour donner une série de représentations. Leur dernier spectacle s'est déroulé à Eshnar, mais il fut décevant : la ville en effet semblait aussi silencieuse qu'un tombeau et les habitants venus les entendre avaient l'air triste et découragé. Les musiciens se rendent à présent à Holmgard en espérant y trouver un public plus enthousiaste. « La nuit tombe, fait remarquer la vieille femme, peut-être accepterez-vous de camper avec nous en compagnie de vos hommes ? Ce serait pour nous un honneur et nous serions heureux de vous distraire en vous proposant des chants, des danses et du théâtre. » Vous remarquez aussitôt une lueur d'espoir dans le regard de vos hommes qui attendent avec impatience votre décision. Si vous souhaitez camper avec les troubadours, rendez-vous au **182.** Si vous préférez continuer en direction de Ruanon, rendez-vous au **247.**

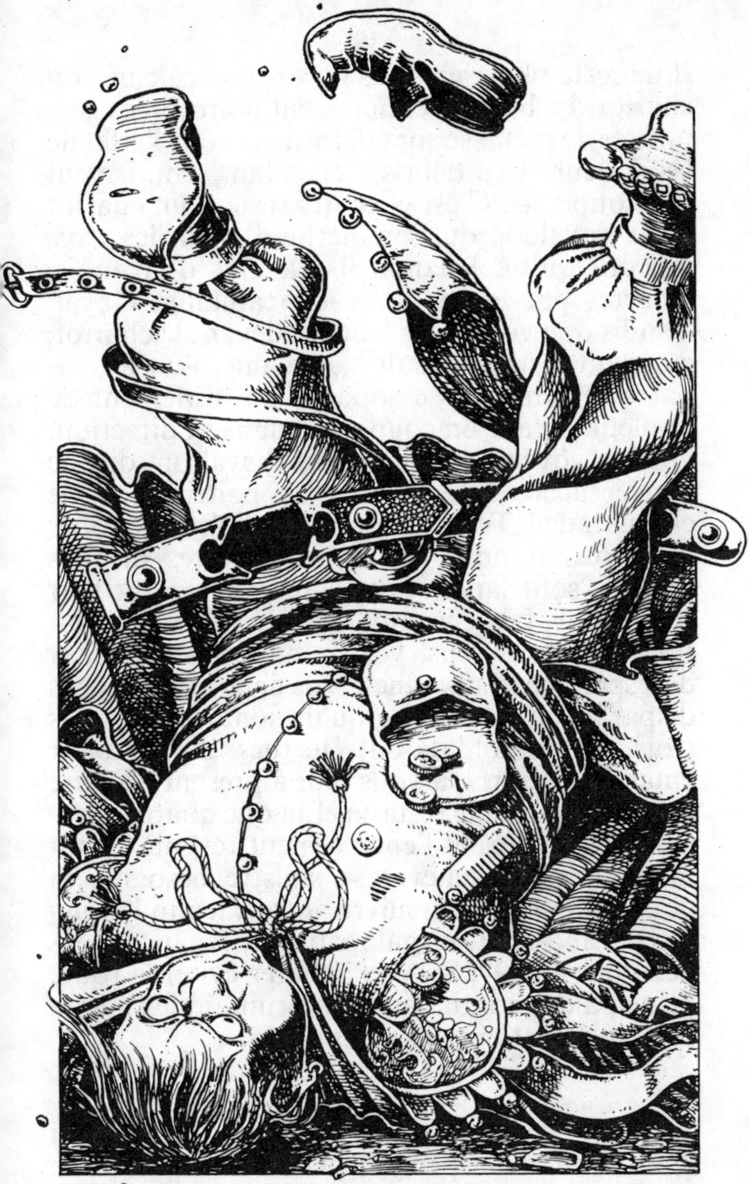

37 *Le petit homme trébuche et tombe sur le sol.*

38

Il ne reste plus rien dans la carcasse calcinée du chariot. Le bois est entièrement noirci et les garnitures de métal se sont déformées sous l'effet de la chaleur. Ces débris, cependant, confirment vos soupçons. C'est là ce qui reste d'un chariot de la cavalerie du Sommerlund, l'un des trois qui ont quitté Ruanon il y a plus d'un mois, escortés par les hommes du capitaine Gayal. Tandis que vous vous trouvez devant le chariot, essuyant les cendres de vos mains, l'un de vos patrouilleurs pousse soudain un hurlement de douleur. Jetant un coup d'œil dans sa direction, vous le voyez tomber de son cheval, un disque d'acier acéré enfoncé dans la poitrine. « Une embuscade ! Tout le monde à l'abri ! » Alors que vous donnez cet ordre, d'autres disques mortels sont lancés des arbres, traversant l'air en sifflant. Les chevaux, pris de panique, s'enfuient en tous sens, vos hommes s'accrochant désespérément aux rênes. Vos agresseurs cachés disparaissent aussi vite qu'ils sont venus, mais trois de vos soldats ont été tués. Après avoir enterré les morts, il vous faut à présent prendre une décision. Il ne reste en effet que quatre hommes à vos côtés et l'ennemi peut revenir à tout moment pour achever sa sinistre besogne. Si vous souhaitez poursuivre votre chemin le long de la grand-route en galopant vers Ruanon, rendez-vous au **297.** Si vous préférez éviter la route principale et continuer en empruntant le chemin orienté à l'est, rendez-vous au **15.**

39

La flèche décrit une courbe dans le ciel envahi de fumée et transperce le plastron étincelant de l'officier. Vous entendez son cri de douleur dominer le vacarme de la bataille et vous voyez ses yeux cruels se brouiller puis se fermer. Il s'effondre et glisse de sa selle, votre flèche profondément enfoncée dans le cœur. Rendez-vous au **148.**

40

Des chariots de mine vides sont alignés sur une voie ferrée, le long d'un tunnel qui s'ouvre dans le mur ouest de cette galerie. Au-dessus de l'entrée du tunnel, un escalier de bois mène à un couloir plus étroit éclairé par la flamme vacillante d'une torche. Vous restez caché dans l'ombre en observant la galerie pendant une demi-heure. Vous estimez alors que vous pouvez y pénétrer sans risque. Si vous souhaitez suivre la voie ferrée en direction de l'ouest, rendez-vous au **55.** Si vous préférez monter l'escalier pour explorer le passage auquel il mène, rendez-vous au **291.** Enfin, si vous maîtrisez la Discipline Kaï de l'Orientation *et* si vous avez le rang Kaï d'Aspirant (ou un rang supérieur), rendez-vous au **349.**

41

Vous reconnaissez cette sécrétion gluante : c'est la trace caractéristique d'un Ver de Pierre, un prédateur souterrain particulièrement redoutable. Vous recommandez à vos hommes de ne pas marcher dans ce liquide qui est extrêmement acide, mais à peine avez-vous prononcé ces mots qu'un bruit terrifiant retentit soudain. Rendez-vous au **276.**

42

Vos genoux se fracassent contre la paroi et vous tombez comme une pierre dans l'obscurité du puits ; mais bientôt la douleur provoquée par le choc disparaît : vous venez de perdre connaissance. Quelques dizaines de mètres plus bas, vous tombez dans l'eau d'une rivière souterraine et, incapable de refaire surface, vous mourez noyé en quelques instants. Votre mission s'achève ici en même temps que votre vie.

43

Si vous voulez survivre à cette attaque, vous devrez faire preuve de rapidité et de précision. Vous brandissez votre arme, prêt à frapper. Utilisez la *Table de Hasard* pour obtenir un chiffre. Si vous possédez la Discipline Kaï de la Maîtrise Psychique de la Matière ou celle de la Maîtrise des Armes vous ajouterez 1 au chiffre tiré. Si vous maîtrisez la Discipline Kaï de la Chasse ou du Sixième Sens, vous ajouterez 2 au chiffre donné par la *Table*. Si vous obtenez un total de 0 à 6, rendez-vous au **262.** Si ce total est de 7 ou plus, rendez-vous au **111.**

44

Tandis que les patrouilleurs encerclent les ruines, les étrangers tentent de s'enfuir en direction de la grand-route. Vos hommes se lancent alors à leur poursuite et ont tôt fait de les tuer à coups d'épée. L'un des étrangers fracasse un petit flacon en tombant. Vous fouillez les cadavres et vous trouvez douze Pièces d'Or et une quantité de nourriture représentant deux Repas. Vous remarquez ensuite que les deux hommes portent autour du cou des Amulettes attachées à des chaînettes. Ces Amulettes sont en bois et représentent un poisson. Si vous souhaitez conserver une ou plusieurs de ces trouvailles, modifiez en conséquence votre *Feuille d'Aventure*. Si vous maîtrisez la Discipline Kaï de la Guérison, rendez-vous au **149.** Sinon, rendez-vous au **188.**

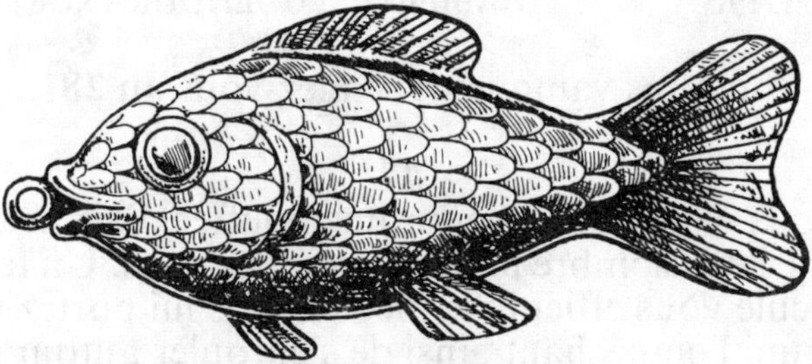

45

La pointe de leurs lances est enduite de sève de Gandum. Il s'agit là d'un poison mortel et vous ne voulez pas prendre le risque d'engager le combat avec ces brigands : en effet, une simple écorchure provoquée par ces armes empoisonnées pourrait vous être fatale. Vous vous relevez alors d'un bond et vous courez à toutes jambes en direction de Ruanon, laissant la forêt derrière vous. Rendez-vous au **307.**

46

Vous avez à peine fait une dizaine de pas lorsqu'une vision effrayante s'offre soudain à vos yeux. Le tunnel, en effet, est bloqué un peu plus loin par une créature énorme et gluante dont la peau est couverte de verrues qui brillent d'une lueur verdâtre. Vous dégainez votre arme tandis que le monstre avance par bonds sur ses pattes crochues. Soudain, deux ailes surgissent sur son dos, et il s'élance dans l'air. Sa gueule ouverte découvre une rangée de dents tranchantes comme des rasoirs. La créature fond sur vous et il vous faut la combattre.

DÉMON DES SOUTER-RAINS HABILETÉ : 20 ENDURANCE : 10

Si vous-êtes vainqueur, rendez-vous au **281**.

47

Vous parvenez à aspirer une bouffée d'air avant que l'eau sombre ne se referme sur vous. Un tentacule vous effleure le pied et vous lui portez un coup, l'empêchant ainsi de s'enrouler autour de votre jambe. La créature est à présent gravement blessée, ce qui la rend d'autant plus acharnée à vous faire payer de votre vie la douleur que vous lui avez infligée.

MÉGA-CALMAR HABILETÉ : 16 ENDURANCE : 37

Si le combat dure plus de 5 Assauts, rendez-vous au **340.** Si vous remportez la victoire en 5 Assauts ou moins, rendez-vous au **32.**

48

Vous sentez que le tunnel de gauche s'éloigne de Ruanon. Sans hésiter un instant vous empruntez donc celui de droite. Rendez-vous au **145.**

49

Vous vous glissez parmi les épis de blé en prenant soin de les écarter tout d'abord de vos mains tendues. Puis vous vous accroupissez tandis que les tiges de blé se remettent en place. Il est désormais impossible de vous voir. Retenant votre souffle, vous entendez les brigands passer à quelques dizaines de centimètres de vous sans remarquer votre présence. Lorsque vous êtes sûr qu'ils se sont suffisamment éloignés, vous sortez de votre cachette et vous vous hâtez de poursuivre votre chemin. Rendez-vous au **204.**

50

Les grandes portes s'ouvrent pour livrer passage à une patrouille de six Gardes des Tunnels. Chacun d'eux est armé d'une arbalète. En vous voyant sur le pont, ils réagissent instantanément. « Chargez ! » Vous venez de lancer cet ordre en espérant que vos hommes pourront maîtriser les Gardes avant qu'ils n'aient le temps d'actionner leurs armes mortelles. Utilisez la *Table de Hasard* pour obtenir un chiffre. Si vous tirez un chiffre entre 0 et 6, rendez-vous au **184.** Si vous tirez le 7, le 8 ou le 9, rendez-vous au **267.**

51

Vous avez chevauché pendant plus de quatre heures, lorque vous apercevez soudain de gros oiseaux noirs qui tournoient au sommet d'une éminence de terre, un peu plus loin. Si vous souhaitez monter sur cette éminence pour l'examiner, rendez-vous au **328.** Si vous préférez ne pas prêter attention à ces oiseaux et poursuivre votre chemin, rendez-vous au **120.** Enfin, si vous maîtrisez la Discipline Kaï de la Communication Animale, rendez-vous au **227.**

52

Une pluie de flèches empennées s'abat sur vous et trois de vos hommes ont été touchés lorsque vous atteignez la mine. Une autre flèche passe si près de votre tête qu'elle vous érafle l'œil droit. Vous êtes aveuglé et vous perdez un point d'ENDURANCE. Protégeant de la main votre œil blessé, vous approchez en chancelant de l'entrée du tunnel. Rendez-vous au **248.**

53

Dès que vous êtes entré, la porte se referme dans votre dos en claquant. Vous faites aussitôt volte-face au moment où un Bandit émergeant de l'ombre, se précipite sur vous. Il a la tête enveloppée de pansements tachés de sang, ce qui ne l'empêche pas d'être armé et bien décidé à vous combattre.

BANDIT BLESSÉ HABILETÉ : 13 ENDURANCE : 16

Il vous affronte le dos contre la porte et vous n'avez donc pas la possibilité de fuir. Si vous remportez la victoire, rendez-vous au **109.**

54

Tandis que vous avancez le long du tunnel en pente vous sentez un courant d'air froid et humide vous frapper le visage. Les parois du souterrain sont veinées de minerai étincelant qui reflète la flamme de votre Torche en de multiples couleurs. En contemplant ces lueurs dansantes, vous remarquez soudain que le sol est couvert de petits champignons roses. Si vous maîtrisez la Discipline Kaï de la Guérison et si vous avez le titre Kaï de Guerrier, rendez-vous au **4.** Si vous ne maîtrisez pas cette Discipline ou si vous n'avez pas encore atteint ce rang, vous pouvez poursuivre votre chemin sur ce sol envahi de champignons en vous rendant au **65.** Il vous est également possible, si vous le souhaitez, de manger quelques-uns de ces champignons, rendez-vous pour cela au **201.**

55

La voie ferrée suit un tunnel éclairé par des Torches. Vous passez devant des chariots de mine qui portent tous la même marque sur leurs flancs de bois : une croix ancrée surmontant les initiales O.V. Il s'agit là du sceau d'Oren Vanalund, baron de Ruanon. Cette découverte vous confirme que vous avez pris la bonne direction. Soudain, des bruits de pas retentissent dans le tunnel, s'approchant de vous. Ils deviennent de plus en plus sonores et s'accompagnent de cris et de claquements de fouet. Si vous souhaitez vous cacher dans l'un des chariots vides, rendez-vous au **161.** Si vous préférez vous dissimuler dans l'ombre des murs du tunnel rendez-vous au **286.**

56

Vous frappez le Garde, lui infligeant une profonde blessure au cou. Il pousse un hurlement et se tourne pour vous faire face, un sabre à la main.

GARDE
BLESSÉ HABILETÉ : 12 ENDURANCE : 18

Si vous gagnez le combat en trois Assauts ou moins, rendez-vous au **69.** S'il vous faut plus de trois Assauts pour l'emporter, rendez-vous au **203.**

57

« Il faut que vous la sauviez, Loup Solitaire, s'écrie le baron d'une voix brisée par l'émotion. Il faut à tout prix empêcher ce sacrifice. » « Sauvez qui ? Qui donc doit-il sauver ? » interroge le capitaine Gayal en essayant de calmer le baron. « Ma fille, Madelon, bien entendu, » répond ce dernier. Ses yeux rougis sont baignés de larmes et il se tord les mains en un geste nerveux. Il récite alors cette sinistre prophétie :

Au soir de pleine lune, en un temple profond,
Sacrifice viendra à jamais réveiller
Les légions d'un Seigneur trop longtemps oublié.
Quand mourra sur l'autel la vierge aux cheveux blonds,
Des gorges de Maaken, les morts se lèveront
Pour exiger enfin la rançon des guerriers.

« Vous ne comprenez donc pas ? poursuit le baron, Barraka a trouvé le poignard de Vashna et il s'apprête à sacrifier ma fille sur l'autel du Temple pour libérer les morts des gorges de Maaken, le gouffre maudit. Au temps de la lune noire, explique-t-il, le roi Ulnar du Sommerlund tua Vashna le plus puissant des Maîtres des Ténèbres, à l'aide du Glaive de Sommer, l'épée du soleil. Le corps de Vashna et les cadavres de tous ses soldats furent ensuite jetés dans l'abîme sans fond des gorges de Maaken. Barraka veut à présent mener les morts à la victoire en conquérant d'abord le Sommerlund, puis l'ensemble des Fins de Terre. » Dans un silence terrifié vous observez le baron dont le regard exprime toute la détresse. Si Barraka accomplit le sacrifice, tout est perdu. Que pourrait faire une armée de mortels face aux légions des morts ? Le capitaine Gayal vous emmène hors de la pièce et referme la porte derrière lui. « Je craignais qu'il ne soit fou, dit-il, et j'ai refusé de l'écouter, mais les événements de ces derniers jours confirment mon pire cauchemar. Il dit la vérité. » Un frisson vous parcourt l'échine tandis que vous repensez à l'épouvantable prophétie, mais bientôt vous êtes arraché à votre sombre méditation par le son aigu d'une corne de guerre. Le capitaine Gayal s'approche aussitôt d'une meurtrière à travers laquelle il scrute la plaine désolée. Il se tourne ensuite vers vous, le visage d'un gris de cendre. « Les brigands, dit-il, ils nous attaquent. » Si vous possédez l'Epée du capitaine Gayal, rendez-vous au **327.** Sinon, rendez-vous au **289.**

58

Scrutant l'obscurité qui s'étend autour du campement vous concluez que l'acteur n'a pu se réfugier que dans deux endroits : une grande roulotte à votre gauche, ou une plus petite à votre droite. Vous remarquez un mouchoir oublié par terre devant la porte de la petite roulotte. Si vous souhaitez entrer dans la plus grande des deux roulottes, rendez-vous au **222.** Si vous préférez inspecter la plus petite, rendez-vous au **110.**

59

Le capitaine Gayal et ses hommes sont engagés dans un combat sans merci contre l'ennemi à cheval. Ils sont surpassés en nombre par des adversaires impitoyables dont les chevaux sont équipés de fers hérissés de pointes. Leur technique consiste à projeter leurs victimes à terre puis à les faire piétiner par leurs montures. Lorsque vous atteignez la barricade, une autre vague d'attaquants s'approche. Des maîtres chiens vêtus d'armures se déploient devant une troupe d'infanterie armée de lances. Ils tiennent en laisse des meutes de Chiens de Guerre. A une cinquantaine de mètres de la barricade, les hommes en armure s'immobilisent et se penchent pour lâcher leurs molosses. Utilisez la *Table de Hasard* pour obtenir un chiffre. Si vous tirez un chiffre de 0 à 4, rendez-vous au **193.** De 5 à 9, rendez-vous au **260.**

60

La mise en pratique de votre Discipline Kaï vous permet de deviner que le tunnel de droite aboutit à un cul-de-sac. Vous y seriez pris au piège par vos poursuivants et vous décidez donc de vous enfuir par le tunnel de gauche. Rendez-vous au **199.**

61

La promptitude de vos réflexes vous a permis de ne pas tomber dans la rivière. Vous avez en effet évité le tentacule en faisant un pas de côté et vous lui portez aussitôt un coup. Sous le choc, une profonde blessure apparaît laissant échapper un jet de sang vert qui se répand au fond du bateau. Il n'y a plus que deux rescapés parmi vos hommes. L'un est en train de frapper de son arme un autre tentacule qui s'est enroulé autour de son pied, le second est étendu sans connaissance, le bras cassé à hauteur du coude. Si vous souhaitez frapper à votre tour le tentacule enroulé autour du pied du patrouilleur, rendez-vous au **304.** Si vous préférez porter secours au patrouilleur évanoui, rendez-vous au **136.** Enfin, si vous estimez plus judicieux d'empoigner les rames et d'essayer de gagner la rive, rendez-vous au **189.**

62

Le brigand se lève d'un bond et vous attaque avec sa masse d'armes. Vous êtes toujours à terre et vous devrez, de ce fait, réduire de deux points votre total d'HABILETÉ au cours des trois premiers Assauts. A partir du quatrième Assaut, vous pouvez vous relever et retrouver votre total normal d'HABILETÉ. Il vous est impossible de prendre la fuite et il vous faut combattre ce Guerrier Pillard jusqu'à la mort de l'un de vous deux.

GUERRIER
PILLARD HABILETÉ : 17 ENDURANCE : 24

Si vous êtes vainqueur, rendez-vous au **148**.

63

Le son d'un glas retentit dans le paysage désolé. Les volets des fenêtres se ferment en claquant mais des regards continuent de vous observer à travers des meurtrières aménagées dans le mur. Vous faites arrêter vos hommes devant les larges portes de la taverne. « Nous sommes des soldats du Sommerlund, annoncez-vous, nous cherchons un abri pour la nuit et du fourrage pour nos montures. » Après un long moment de silence, une voix vous répond enfin. Pour savoir ce qu'elle vous dit, tirez un chiffre à l'aide de la *Table de Hasard*. Si ce chiffre est de 0 à 4, rendez-vous au **259**. De 5 à 9, rendez-vous au **95**.

64

En dehors du puits et du tunnel par lequel vous êtes entré, il existe une troisième issue qui vous permet de quitter cette salle : c'est un escalier en colimaçon aménagé devant le mur nord. Si vous souhaitez monter les marches de cet escalier, rendez-vous au **170**. Si vous préférez descendre l'escalier, rendez-vous au **228**.

65

Lorsque vous marchez dessus, les champignons roses éclatent en laissant échapper des nuages de spores dans le tunnel. Les spores vous piquent les yeux et vous empêchent de respirer. Vous continuez d'avancer à l'aveuglette d'un pas chancelant, mais à peine avez-vous émergé de ce nuage, qu'un autre danger vous menace. Une nuée de reptiles hideux dotés d'ailes de chauve-souris volent dans votre direction. Leurs pattes couvertes d'écailles enserrent des morceaux pointus de stalagmites. Il vous est impossible d'échapper au combat et vous devrez affronter ces créatures en les considérant comme un seul et même ennemi.

DÉMONS DES SOUTERRAINS	HABILETÉ : 20	ENDURANCE : 10

Si vous êtes vainqueur, rendez-vous au **298**.

66

Vous atterrissez sur le sol en roulant sur vous-même. Le Vassagonien bondit à votre suite, espérant vous porter un coup mortel avant que vous n'ayez pu vous relever. Mais il ne semble pas se rendre compte qu'il a affaire à un Seigneur Kaï. Vous le frappez, en effet, alors qu'il n'a pas encore touché terre et il s'effondre à côté de vous, tué sur le coup. Le capitaine Gayal passe en courant à votre gauche. Il mène une contre-offensive à la tête de ses meilleurs combattants et repousse l'ennemi vers la barricade. Bientôt les lignes adverses sont anéanties et les attaquants qui ont survécu aux coups portés par les soldats du capitaine sont abattus par ses archers, tandis qu'ils tentent de s'enfuir dans la plaine. Mais à peine le cri de victoire des soldats du Sommerlund a-t-il retenti, qu'il vous faut faire face à une nouvelle et redoutable attaque. Rendez-vous au **124**.

67

Vos hommes sont affamés et épuisés, mais leur confiance dans l'infaillibilité de votre intuition de Seigneur Kaï reste inébranlable. Vous donnez donc le signal du départ. Lorsque vous arrivez à la sortie de la ville, cependant, vous entendez un sifflement. Un patrouilleur à côté de vous pousse alors un hurlement de douleur : un disque d'acier aux bords acérés vient de s'enfoncer dans sa poitrine. Plusieurs autres disques sont aussitôt lancés depuis les toits. L'un d'eux vous écorche le dos de la main avant de se loger dans l'encolure de votre cheval. Vous êtes projeté à terre et vous perdez un point d'ENDURANCE. Vous vous relevez et vous vous mettez à courir en direction d'un chariot pour vous y abriter. Deux de vos hommes sont étendus sur le sol, tués par les disques d'acier, mais les autres ont pu fuir l'embuscade et s'éloignent de la ville au galop, cachés par des nuages de poussière. Soudain, vous apercevez un Guerrier Pillard qui se tient debout sur un balcon proche. Il a la peau sombre, des cheveux et une barbe d'un noir huileux. A cet instant, il fait un geste de la main et un disque mortel jaillit dans votre direction. Si vous possédez le Glaive de Sommer, rendez-vous au **292**. Sinon, utilisez la *Table de Hasard* pour obtenir un chiffre. Si vous possédez la Discipline Kaï de la Chasse ou celle de la Maîtrise Psychique de la Matière, ajoutez 2 au chiffre que vous aurez tiré. Si le total obtenu est de 0 à 4, rendez-vous au **242**. De 5 à 8, rendez-vous au **263**. De 9 à 11, rendez-vous au **278**.

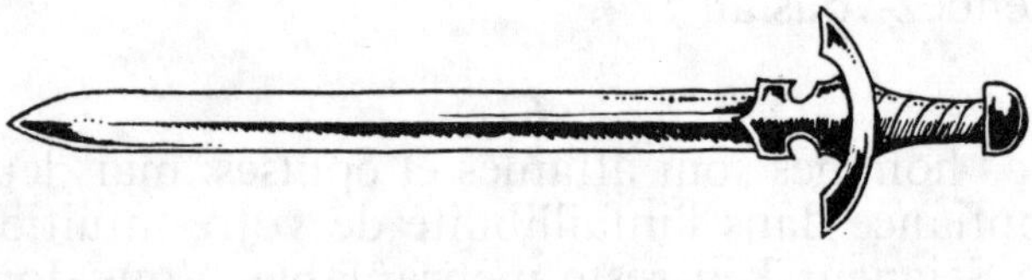

68

Il vous suffit de frapper la serrure d'un coup sec de la main pour forcer la porte du hangar à bateaux. Vous apercevez alors un bateau à rames retourné sur des tréteaux. Un seau de

67 *Un disque d'acier vient de s'enfoncer dans sa poitrine.*

poix est posé au-dessous. A en juger par la couche de poussière qui couvre la coque du bateau, il semble qu'il soit resté là pendant plusieurs mois. Si vous souhaitez mettre ce bateau à l'eau, rendez-vous au **180**. Si vous préférez fouiller le hangar dans l'espoir d'y trouver des objets utiles, rendez-vous au **213**.

69

Vous enjambez le cadavre du Garde et vous constatez alors que la corde qui pend du plafond est reliée à des broches de fixation grâce auquelles le pont reste attaché au bord du puits. Si le Garde avait tiré sur la corde, la passerelle se serait immédiatement décrochée et vous auriez été bloqué de ce côté de la salle. Vous vous hâtez de franchir le pont au moment où vos poursuivants font leur apparition. De l'autre côté de la passerelle, vous trouvez une corde semblable également pendue au plafond, à côté de l'entrée du tunnel aménagée dans le mur ouest. Vos poursuivants sont à présent au beau milieu du pont. Si vous souhaitez tirer sur la corde, rendez-vous au **125**. Si vous préférez vous en abstenir et vous enfuir dans le tunnel, rendez-vous au **348**.

70

Les feux de camp allumés le long de la grand-route vous permettent de repérer votre chemin dans la forêt. Les Guerriers Pillards sont rassemblés autour des flammes cherchant quelque réconfort dans leur chaleur. De toute évidence ils négligent leur tour de garde et vous n'avez aucune difficulté à éviter leurs patrouilles. Au matin, vous avez atteint la lisière de la forêt.

Devant vous s'étendent des champs de blé ; vous apercevez au-delà un petit village niché au fond d'une vallée peu profonde. Quelques sentiers étroits traversent les champs et vous distinguez des essaims d'insectes qui volettent çà et là. Vous marchez le long d'un de ces sentiers, lorsque vous apercevez soudain des brigands qui se dirigent vers vous, leurs lances jetées sur l'épaule. Ils avancent d'un pas insouciant, comme s'ils se promenaient. Si vous possédez un Médaillon d'Onyx, rendez-vous au **305.** Si vous souhaitez vous cacher parmi les épis de blé, rendez-vous au **159.** Enfin, si vous maîtrisez la Discipline Kaï du Camouflage *et* que vous ayez atteint le rang Kaï de Gardien (ou un rang supérieur), rendez-vous au **49.**

71

Tandis que le Guerrier tombe mort à vos pieds, vous vous retournez vers vos hommes. Vous constatez alors avec horreur que trois d'entre eux sont étendus sur les marches, tués par des carreaux d'arbalète. Le quatrième est blessé et cerné par l'ennemi. D'autres Gardes arrivent à ce moment. « Fuyez, Seigneur Kaï, fuyez pendant qu'il en est encore temps ! » vous crie le patrouilleur. A peine l'écho de ces paroles a-t-il retenti qu'une épée lui transperce le cœur. Vous vous précipitez aussitôt en direction d'un tunnel orienté au nord. Une porte est ouverte à l'entrée de ce tunnel ; vous la claquez derrière vous dès que vous l'avez franchie et vous tirez le verrou. Vous courez ensuite le long du souterrain au sol couvert de poussière en priant le ciel que la porte tienne et garde vos poursuivants à distance. Rendez-vous au **348.**

72

Les plates étendues du Pays Sauvage n'offrent aucun abri pour vous cacher des brigands. Pour essayer d'éviter un combat contre un ennemi qui vous surpasse largement en nombre, il vous faut séparer votre troupe en deux et prendre la fuite en espérant pouvoir distancer vos poursuivants. Vous prenez dix hommes avec vous et vous envoyez les autres en direction de l'ouest, dans l'espoir qu'ils attireront les brigands vers les monts Durncrag. Vous jetez un dernier regard à l'ennemi, puis vous partez au galop menant vos dix patrouilleurs le long de la voie de Ruanon. Rendez-vous au **211.**

73

Vous vous approchez de l'autel dans un mouvement tournant en restant hors de portée du poignard à la lame enflammée. De son autre main, Barraka dégaine alors son cimeterre et tente de vous frapper de sa lame brillante comme un miroir. Il vous rate, cependant. Si vous possédez un flacon d'Eau Bénite, rendez-vous au **283.** Si vous possédez le Glaive de Sommer, rendez-vous au **325**. Si vous ne possédez ni l'un ni l'autre, rendez-vous au **122**.

74

La nuit se déroule sans incident et vous vous sentez bien reposé après ces heures de sommeil. Vous gagnez aussitôt un point d'ENDURANCE. Vous levez le camp, puis vous pénétrez dans la forêt qui s'étend sur les versants de la vallée. Votre instinct de guerrier vous avertit que la grand-route constitue un lieu idéal pour une embuscade. Les arbres au feuillage dense qui la bordent offrent en effet une excellente cachette pour d'éventuels agresseurs. Afin de prévenir une attaque surprise, vous envoyez trois de vos hommes en reconnaissance avec ordre de signaler tout élément suspect. Après avoir parcouru une certaine distance, vous découvrez la carcasse d'un chariot calciné abandonné sur le bas-côté de la route. Derrière, un sentier s'éloigne vers l'est en remontant les collines. Vos éclaireurs, qui auraient dû vous informer de l'existence du chariot, n'ont pas donné signe de vie. Si vous souhaitez examiner les débris du chariot, rendez-vous au **38.** Si vous préférez ne pas y prêter attention et poursuivre votre chemin le long de la route, rendez-vous au **175.** Enfin, si vous souhaitez explorer le sentier qui mène dans les collines, rendez-vous au **293.**

75

A peine le Guerrier s'est-il effondré sur le sol, qu'un autre vous attaque par le flanc. Au moment où vous vous tournez pour lui faire face, la pointe de sa lance vous atteint au bras gauche et vous perdez deux points d'ENDURANCE. Vous vous recroquevillez sous l'effet de la douleur puis, poussé par d'autres combattants, vous glissez et vous tombez sur le sol déjà couvert de cadavres. Vous apercevez alors une porte ouverte et vous rampez dans cette direction. Utilisez la *Table de Hasard* pour obtenir un chiffre. Si vous maîtrisez la Discipline Kaï du Camouflage, ajoutez 3 au chiffre que vous aurez tiré. Si vous obtenez un total de 0 à 5, rendez-vous au **192.** De 6 à 12, rendez-vous au **16.**

76

Les Gardes refusent de répondre à vos questions. Le châtiment que leur ferait subir leur chef s'ils le trahissaient semble leur faire beaucoup plus peur que d'éventuelles tortures infligées par vos hommes. Tout ce que vous pouvez conclure en observant leurs uniformes et leur comportement, c'est qu'ils appartiennent à la même horde de brigands qui vous a attaqués auparavant. Si vous souhaitez les fouiller, rendez-vous au **268.** Si vous préférez quitter les lieux, rendez-vous au **64.**

77

Un rictus cruel déforme son visage repoussant. Vous l'entendez parler dans votre tête, bien que ses lèvres restent immobiles : ce Guerrier est doté d'une puissante force mentale. Si vous ne maîtrisez pas la Discipline Kaï du Bouclier Psychique, vous perdrez un point d'ENDURANCE supplémentaire à chaque Assaut au cours du combat que vous livrerez contre lui. Votre adversaire est invulnérable à votre propre Puissance Psychique.

CAPITAINE VASSAGONIEN HABILETÉ : 22 ENDURANCE : 28

Vous aurez le droit de prendre la fuite après avoir mené au moins deux Assauts. Rendez-vous alors au **98.** Si vous sortez vainqueur du combat, rendez-vous au **10.**

78

Lorsque vous vous approchez, ils font glisser leur capuchon de leur tête, laissant apparaître des visages souriants. Ils semblent soulagés de pouvoir établir un contact amical dans ces terres inhospitalières. Ni l'un, ni l'autre ne prononce le moindre mot, mais tous deux ôtent de leur cou des Amulettes accrochées à des chaînettes. Ils vous donnent ainsi un moyen de les identifier. En effet, les petits poissons de bois qu'ils vous montrent sont les symboles d'un Ordre Saint dont les membres sont appelés « les Rédempteurs ». Il s'agit d'une communauté de pèlerins contemplatifs qui consacrent leur vie à la prière et à l'étude de l'art de la Guérison. L'un des pèlerins vous offre un petit flacon de terre cuite rempli d'Eau Bénite. Si vous souhaitez conserver ce flacon, inscrivez-le sur votre *Feuille d'Aventure,* dans la case Objets Spéciaux. Vos hommes établissent le campement sous le dôme de marbre et vous vous préparez tous à une bonne nuit de sommeil. Vous êtes affamés et il vous faut à présent prendre un Repas, sinon vous perdrez trois points d'ENDURANCE. Rendez-vous au **233.**

79

Vous parvenez tant bien que mal à vous relever et vous avancez d'un pas chancelant le long du sentier forestier qui monte vers les contreforts de la chaîne de Maaken. Soudain, le sentier s'arrête à l'entrée d'une galerie de mines à moitié dissimulée par des feuillages. Il s'agit là sans aucun doute d'un tunnel désaffecté qui donne accès aux mines de Maaken dont le réseau souterrain sillonne les profondeurs des montagnes de la région. Si vous parvenez à découvrir l'un des principaux puits de la mine, vous devriez pouvoir atteindre Ruanon en passant par ces galeries souterraines. Dès que vous avez pénétré dans le tunnel, vous trouvez une caisse brisée qui contient cinq Torches et un Briquet d'Amadou. Il règne une totale obscurité dans cette galerie et vous aurez besoin d'au moins une Torche pour vous éclairer. Vous pouvez cependant prendre autant de Torches que vous le souhaiterez, chacune d'elles comptant pour un objet dans votre Sac à Dos. Le tunnel est glacial et peu accueillant. Vous le parcourez pendant plus d'un kilomètre et demi avant d'arriver à un croisement. Là, un autre tunnel bifurque en direction du sud. Il semble avoir été creusé plus récemment et vous l'empruntez dans l'espoir de découvrir l'un des puits principaux de la mine. Rendez-vous au **117.**

80

Bien que le feu ait complètement détruit tout signe distinctif qui aurait pu l'identifier, vous parvenez à reconnaître dans ces débris calcinés un chariot militaire ayant appartenu à la cavalerie du Sommerlund. C'est l'un des trois véhicules que le capitaine Gayal et ses hommes escortaient au moment de leur disparition. Ce chariot transportait des vivres et du matériel à son départ de Holmgard, il y a un mois, mais il ne reste plus de son chargement que des tas de cendres. Après vous être assuré qu'aucun indice pouvant vous renseigner sur le sort du capitaine Gayal ne vous a échappé, vous remontez en selle et vous menez vos hommes en direction du sud le long de la grand-route. Rendez-vous au **175.**

81

Les cris rauques du Garde retentissent dans le tunnel. Vous parvenez bientôt à une bifurcation où des travaux sont en cours. Au milieu du tunnel, un étai soutient une poutre affaissée. Si vous réussissiez à dégager cet étai, vous pourriez provoquer un éboulement qui bloquerait le passage derrière vous. Vous entendez à présent des bruits de pas précipités vous indiquant que plusieurs Gardes courent dans votre direction. Si vous souhaitez essayer d'abattre l'étai, rendez-vous au **173.** Si vous préférez vous en abstenir et continuer à fuir le long du tunnel, rendez-vous au **224.**

82

Vous avez parcouru un kilomètre et demi environ, lorsque vous découvrez la carcasse d'un chariot brûlé abandonné au bord de la route. Derrière l'épave, un sentier disparaît vers l'est en montant dans les collines. Si vous souhaitez examiner le chariot, rendez-vous au **337.** Si vous préférez ne pas y prêter attention et poursuivre votre chemin, rendez-vous au **297.** Enfin, s'il vous semble opportun d'explorer le sentier montant dans les collines, rendez-vous au **15.**

83

L'escalier mène à un niveau inférieur où un passage vous permet de vous diriger vers le sud. Vous venez juste de pénétrer dans ce tunnel, lorsqu'une patrouille de Gardes surgit soudain, franchissant une porte dissimulée dans la paroi, un peu plus loin. Vous vous ruez parmi eux en les bousculant de tous côtés et vous parvenez à vous enfuir avant qu'ils n'aient eu le temps de dégainer leurs armes. Leurs cris de fureur retentissent à vos oreilles tandis que vous courez à toutes jambes en direction d'une faible lueur aperçue au loin. Rendez-vous au **199.**

84

Dans la faible lumière qui règne à l'intérieur, vous apercevez un vieil homme assis à une table.

84 *L'homme détache lentement son regard d'une sphère de cristal.*

Seules les flammes vacillantes d'un feu de bois éclairent ce taudis malodorant. Elles répandent cependant suffisamment de clarté pour vous permettre de distinguer les tas de parchemins et d'instruments étranges qui encombrent les lieux. L'homme détache lentement son regard d'une grande sphère de cristal et vous invite à vous asseoir en face de lui. « Comment se fait-il que vous connaissiez mon nom ? » lui demandez-vous avec méfiance. « Notre rencontre était depuis longtemps écrite dans les étoiles, Loup Solitaire, réplique-t-il en effleurant la sphère de ses mains ridées. Mais ne vous alarmez pas, je ne souhaite que vous aider. » Il sort alors d'une poche de sa toge un rouleau de parchemin qu'il vous tend. Sur ce parchemin sont écrits ces quelques vers :

Au soir de pleine lune, en un temple profond,
Sacrifice viendra à jamais réveiller
Les légions d'un Seigneur trop longtemps oublié.
Quand mourra sur l'autel la vierge au cheveux blonds,
Des gorges de Maaken, les morts se lèveront
Pour exiger enfin la rançon des guerriers.

Vous demandez la signification de cette étrange strophe, mais le vieil homme ne vous répond pas. Il semble être entré dans une transe profonde. Vous vous penchez par-dessus la table encombrée pour essayer de le réveiller et vous êtes alors stupéfait de constater que votre main passe à travers son corps. Peu à peu, son image s'estompe et, quelques secondes plus tard, il a complètement disparu. Vous glissez le Parchemin dans votre poche (inscrivez-le sur votre

Feuille d'Aventure dans la case Objets Spéciaux) puis vous vous hâtez de quitter la masure en essuyant la sueur froide qui perle à votre front. Rendez-vous au **273.**

85

Vous essayez de dégainer votre arme, mais cette créature est trop rapide pour vous. Ses crocs s'enfoncent dans votre colonne vertébrale et bientôt vous sentez le sang se retirer de votre corps qui reste paralysé. Vous entendez votre arme tomber sur le sol puis vous vous effondrez face contre terre, votre visage heurtant la pierre dure. Vous ne ressentez cependant aucune douleur : toute sensibilité vous a en effet quitté et, quelques instants plus tard, vous poussez votre dernier soupir. Votre mission s'achève ici, en même temps que votre vie.

86

Vous bondissez sur un chariot renversé et vous apercevez en même temps deux soldats qui, à l'aide de leurs tuniques, étouffent les flammes des vêtements du capitaine Gayal. Vous adressez des prières au ciel pour qu'il survive à ses brûlures et qu'il soit encore temps de rassembler ses hommes dispersés. L'ennemi a atteint le périmètre en ruines de Ruanon et poursuit maintenant son avance à l'abri des pans de murs encore debout. Vous lancez des ordres aux hommes du capitaine Gayal pour qu'ils reviennent en hâte vers la barricade. Vos adversaires cependant ne sont plus qu'à une centaine de mètres. Est-il trop tard pour repousser leur attaque ? Rendez-vous au **186.**

87

Le garde est bientôt rejoint par plusieurs de ses compagnons qui se lancent à votre poursuite. Vous entendez derrière vous leurs pas précipités et leur respiration haletante. Soudain, le tunnel se rétrécit et bifurque. Si vous souhaitez prendre à gauche, rendez-vous au **199.** Si vous préférez aller à droite, rendez-vous au **208.** Enfin, si vous maîtrisez la Discipline Kaï du Sixième Sens ou de l'Orientation, rendez-vous au **60.**

88

Une odeur fétide vous monte aux narines en vous donnant des haut-le-cœur et en vous étouffant à moitié. Vous vous protégez la bouche et le nez, puis vous faites un pas en arrière en brandissant votre arme, prêt à frapper la créature qui ondule vers vous à une allure impressionnante. Vos hommes portent des coups d'épée à ses mâchoires grandes ouvertes mais leurs lames ne font qu'égratigner la peau grise et luisante du monstre avant que celui-ci ne les avale vivants. Le Ver de Pierre poursuit inexorablement son avance et il est bientôt sur vous : impossible de vous échapper, vous devrez le combattre jusqu'à la mort de l'un de vous deux. Cette créature est invulnérable à la Discipline Kaï de la Puissance Psychique.

VER DE PIERRE	HABILETÉ : 15	ENDURANCE : 38

Si vous remportez la victoire, rendez-vous au **321.**

89

Vous vous frayez un chemin en portant des coups de tous côtés aux bandits qui vous encerclent, guidant votre cheval par la simple pression de vos genoux. Vous apercevez un peu plus loin une éminence de terre boueuse vers laquelle vous vous précipitez dans l'espoir de pouvoir rassembler vos hommes. Vous approchez du sommet de l'éminence lorsqu'un Guerrier vêtu d'une armure vous attaque par le flanc, sa lance pointée vers votre gorge. Il vous est impossible de fuir, vous devrez le combattre jusqu'à la mort de l'un de vous deux.

GUERRIER
PILLARD HABILETÉ : 17 ENDURANCE : 26

Si vous êtes vainqueur rendez-vous au **7**.

90

Votre adversaire est un cavalier vassagonien privé à présent pour l'instant de sa monture. Il vous est impossible de vous enfuir et vous devrez le combattre jusqu'à la mort de l'un de vous deux.

CAVALIER
PILLARD HABILETÉ : 17 ENDURANCE : 24

Si vous êtes vainqueur, rendez-vous au **249**.

91

Il est impossible de pénétrer à cheval dans la mine et vous êtes donc contraints d'abandonner vos montures à l'extérieur. Les galeries sont totalement obscures mais vous remarquez bientôt que des Torches éteintes sont fixées aux murs à intervalles réguliers. Vos hommes et vous-même prenez chacun une Torche que vous allumez avant de poursuivre votre chemin. Dans la faible clarté qu'elles diffusent vous découvrez des traces de pas menant vers un endroit où le tunnel s'est éboulé. Les traces se poursuivent jusqu'au sommet d'un énorme tas de terre qui atteint presque le plafond, ne laissant qu'une petite ouverture entre les deux. Si vous souhaitez escalader ce tas de terre et vous glisser dans l'ouverture, rendez-vous au **254.**Si vous préférez renoncer à cette exploration, vous pouvez ressortir, reprendre vos chevaux et descendre le sentier de la colline en vous rendant au **191**.

92

Le lendemain à midi, vous parvenez aux abords d'Eshnar. Au sud, les collines boisées montent en pente douce vers les magnifiques sommets enneigés de la chaîne de Maaken. C'est un spectacle extraordinaire qui contraste singulièrement avec la laideur d'Eshnar et l'aspect lugubre du Pays Sauvage qui s'étend au nord. Vous chevauchez le long de l'unique rue de cette ville délabrée et vous arrivez enfin devant une grande taverne : « La Pioche et la Pelle ». Vos hommes sont épuisés et ont grand besoin de manger et de se reposer. Si vous souhaitez entrer dans cette taverne, rendez-vous au **132**. Si vous préférez continuer le long de la rue, rendez-vous au **301**. Enfin si vous maîtrisez la Discipline Kaï du Sixième Sens, rendez-vous au **210**.

93

Quatre brigands au visage couvert de verrues sont assis autour d'une table ronde sur laquelle est étalé un plan des mines de Maaken. Votre attaque est si fulgurante qu'ils n'ont pas même le temps de manifester une réaction de surprise. Trois d'entre eux tombent morts avant même d'avoir pu dégainer leur arme. Le quatrième s'écarte de ses compagnons et tire son épée. Il se précipite alors sur vous, et vous pouvez lire dans son regard brûlant une ardente soif de vengeance.

GUERRIER
PILLARD HABILETÉ : 15 ENDURANCE : 26

Si vous êtes vainqueur, rendez-vous au **2**.

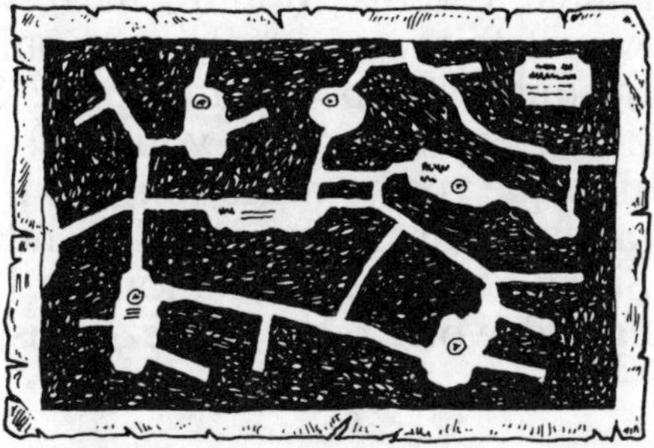

94

Soudain, le bateau bascule en avant et vous êtes projeté en l'air. Vous tombez pendant ce qui vous semble être une éternité, avant de heurter la surface de l'eau avec une telle violence que vous plongez à plus de 6 mètres de profondeur. L'eau glacée vous assomme à moitié et brise vos forces. Vous cherchez désespérément à respirer un peu d'air en vous débattant pour tenter de remonter à la surface. Votre Sac à Dos, cependant, vous entraîne au fond et vous devez vous en débarrasser pour ne pas vous noyer. Lorsqu'enfin vous parvenez à l'air libre, le courant vous entraîne en vous éloignant de la chute d'eau. Vous vous échouez bientôt sur une rive de graviers au fond d'un ravin escarpé. Vous avez perdu votre Sac à Dos avec tout ce qu'il contenait ainsi que votre bateau et vos hommes mais, en dépit du désastre, vous êtes toujours vivant et à peu près indemne. Mettez à jour votre *Feuille d'Aventure* avant de vous rendre au **219**.

95

« Quelle preuve avons-nous que vous n'êtes pas des brigands revêtus d'uniformes volés ? » Qu'allez-vous faire ou dire qui puisse les convaincre que vous ne mentez pas ? Si vous souhaitez leur expliquer que vous êtes un Seigneur Kaï et que vos hommes sont des patrouilleurs frontaliers du Sommerlund, rendez-vous au **259**. Si vous préférez leur montrer l'insigne qui témoigne de votre rang, rendez-vous au **195**.

96

Un tentacule fracasse le fond du bateau avec tant de force que vous êtes projeté en l'air retombant tête la première dans l'eau glacée de la rivière. Utilisez la *Table de Hasard* pour obtenir un chiffre. Si vous tirez un chiffre entre 0 et 4, rendez-vous au **47**. Entre 5 et 8, rendez-vous au **234**. Enfin, si vous tirez le 9, rendez-vous au **334**.

97

Dès que vous sortez du tunnel vous apercevez les silhouettes de gardes qui s'approchent et vous vous maudissez pour avoir pris le mauvais chemin. Vous vous êtes en effet dirigé droit vers une patrouille. Avant que les Gardes ne vous attrapent vous avez cependant le temps d'essayer de vous enfuir. Rendez-vous au **199**.

98

Le cimeterre du Guerrier siffle à quelques centimètres au-dessus de votre tête alors que vous vous laissez tomber dans l'ouverture de la trappe. Il essaye de vous suivre, mais les coups que vous lui portez le forcent à reculer. Vous parvenez à refermer la trappe et à tirer le verrou, empêchant désormais votre adversaire de pénétrer à l'intérieur de la tour de guet. Essayant de chasser de votre esprit les images sanglantes de la bataille vous descendez quatre à quatre les marches de l'escalier et vous sortez de la tour de guet. Rendez-vous au **59**.

99

En raison de l'obscurité, vous ne remarquez pas un grand trou dans les planches du pont. Vous passez au travers et vous tombez tête la première, vous fracassant le crâne après une chute de plus de trente mètres. Votre mission s'achève ici, en même temps que votre vie.

100

Un sentiment de répulsion vous envahit, tandis que vous contemplez l'autel et le sanctuaire du temple souterrain. Votre sensibilité de Seigneur Kaï semble s'enflammer comme si chaque nerf de votre corps vous incitait à fuir ces lieux maléfiques. D'immenses braseros de métal fondu entourent un autel noir sur lequel est étendue la blonde Madelon, fille du baron Vanalund. Elle paraît plongée dans une transe profonde ; sa respiration est lente et brève. De l'autre côté de l'autel, vous apercevez deux portes massives de pierre noire ; chacune est gravée d'une gigantesque tête de mort. Dans un autre coin du temple, hors de vue pour l'instant, une troisième porte s'ouvre et une procession de prêtres vêtus de capes rouges fait son entrée. Ils ont la tête encapuchonnée et chacun porte dans ses mains tendues d'étranges Amulettes. Ils défilent devant l'autel, déposent leurs Amulettes en cercle autour du corps de la jeune fille puis s'éloignent dans un silence total. Quelques instants plus tard, vous entendez le son d'un battement de tambour dont l'intensité augmente régulièrement. Des bruits de pas cadencés produits par des bottes aux semelles ferrées, résonnent à sa suite. Barraka s'approche. Rendez-vous au **215.**

101

Vous suivez le tunnel pendant plus de deux heures avant d'arriver dans une immense caverne. Cette grotte obscure est séparée en deux par une rivière souterraine qui disparaît au-delà d'une large arcade aménagée dans la paroi sud. Sur la berge opposée vous parvenez à distinguer l'entrée d'un autre tunnel orienté vers l'ouest. Un bateau à rames est amarré de votre côté de la rivière et vous découvrez deux paires de rames derrière un rocher couvert de mousse. Si vous souhaitez utiliser ce bateau pour traverser la rivière et emprunter le tunnel orienté à

100 *Une procession de prêtres fait son entrée.*

l'ouest, rendez-vous au **343.** Si vous préférez utiliser ce bateau pour suivre le cours de la rivière en direction du sud, rendez-vous au **115.**

102

Vos hommes tirent leurs épées et s'approchent des étrangers. Les deux personnages encapuchonnés lèvent immédiatement les mains et sortent du dôme de marbre. L'un d'eux laisse tomber un petit flacon de terre cuite, rempli d'un liquide clair ; le flacon se brise sur le sol de pierre. En fouillant les deux hommes, vous trouvez douze Couronnes d'Or et des vivres équivalents à deux Repas. Inscrivez-les sur votre *Feuille d'Aventure* si vous souhaitez les conserver. Les deux étrangers portent autour du cou des Amulettes de bois, représentant un petit poisson. Si vous maîtrisez la Discipline Kaï de la Guérison, rendez-vous au **19.** Sinon, rendez-vous au **339.**

103

Vous arrivez à fuir le Guerrier mais il a eu le temps de vous infliger une blessure à l'aide de son cimeterre et vous perdez aussitôt quatre points d'ENDURANCE. Vous étouffez un cri de douleur, puis vous parvenez tant bien que mal à refermer la trappe et à tirer le verrou. Vous descendez ensuite l'escalier d'un pas chancelant et vous sortez de la tour de guet. Rendez-vous au **59.**

104

Rassemblant toutes vos ressources musculaires et nerveuses, vous vous précipitez de l'autre côté du pont. Le sang vous bat aux oreilles et vous faites des prières pour que les broches de fixation tiennent encore quelques instants. Vous êtes à peine à trois mètres du but, lorsque le pont se détache soudain. Si vous voulez vous accrocher aux planches du pont, rendez-vous au **303.** Si vous préférez sauter du pont et vous laisser tomber dans les profondeurs inconnues du puits de mine, rendez-vous au **342.**

105

Un groupe de Gardes en armes apparaît soudain en haut de l'escalier et leur chef vous ordonne de vous arrêter. En vous voyant hésiter, les Gardes saisissent les arbalètes qu'ils portent en bandoulière. Si vous souhaitez attaquer ces Gardes, rendez-vous au **285.** Si vous préférez lever les mains et vous rendre, rendez-vous au **267.**

106

Ces petits chevaux trapus appartiennent à une race connue sous le nom de Kucheks. Ils ont été baptisés ainsi d'après le nom d'une ville et d'une province situées en Vassagonie, à plusieurs centaines de kilomètres à l'est. Les brigands que vous avez rencontrés sur la voie de Ruanon, chevauchaient précisément des Kucheks. Si vous souhaitez quitter Eshnar le plus vitre possible, rendez-vous au **67.** Si vous préférez fouiller les écuries, rendez-vous au **236.**

107

Le bandit à cheval vous poursuit, sa lance se rapprochant de votre dos à une allure inquiétante. Vous courez à toutes jambes en direction d'un soldat du Sommerlund qui se trouve juste sur votre chemin, son arc tendu, prêt à tirer. « Plongez ! » vous crie l'archer. Instinctivement, vous obéissez à son ordre. Presque en même temps, il lâche la corde de son arc. Le bandit à cheval n'est plus qu'à quelques mètres de vous, lorsque la pointe d'acier de la flèche s'enfonce dans sa visière et ressort à l'arrière de son heaume comme une broche transperçant une pomme. Son cheval trébuche et tombe à terre, projetant le cadavre du cavalier à vos côtés. Vous vous apprêtez à remercier le soldat qui vient de vous sauver, mais celui-ci court déjà vers la barricade. Si vous souhaitez le suivre, rendez-vous au **59.** Si vous préférez continuer en direction de la tour de guet, rendez-vous au **310.**

108

Le chef des Gardes des Tunnels lance un ordre à ses hommes, qui s'immobilisent aussitôt. De toute évidence, il vient de leur ordonner de ne pas se mêler d'un combat qu'il se réserve pour lui-même. L'officier porte un grand heaume empanaché ainsi qu'une écharpe d'un rouge vif en travers de la poitrine. D'un bref mouvement, il pointe sa hallebarde en direction de votre tête et passe à l'attaque.

OFFICIER
DES GARDES HABILETÉ : 20 ENDURANCE : 30

Vous pouvez prendre la fuite à tout moment en vous précipitant de l'autre côté du pont. Rendez-vous pour cela au **271.** Si vous sortez vainqueur du combat, rendez-vous au **28.**

109

D'un coup de pied vous retournez le cadavre du bandit puis vous le fouillez. Vous découvrez alors les objets suivants :

- 3 Pièces d'Or
- 1 Poignard
- 1 Épée

Vous pouvez prendre l'un ou l'autre de ces objets, en n'oubliant pas de les inscrire sur votre *Feuille d'Aventure*. Vous vous apprêtez à repartir, lorsque vous remarquez une trappe dans le plancher. En l'ouvrant, vous découvrez un escalier qui descend dans la cave de la cabane. Si vous souhaitez fouiller la cave, rendez-vous au **347.** Si vous préférez quitter la cabane, rendez-vous au **258.**

110

Vous ouvrez d'un coup de pied la porte de la roulotte et vous vous précipitez à l'intérieur. Malheureusement, vous n'y trouvez pas l'acteur, mais une jeune femme en train de prendre son bain. Après quelques secondes d'un silence stupéfait, la femme se met à hurler à pleins poumons, ne s'interrompant que pour vous jeter à la tête tout ce qui lui tombe sous la main. Sous une pluie de brosses, de miroirs, de peignes et de jurons, vous êtes expulsé de la roulotte dont la porte se referme brutalement sur vous. Au-dehors, vous vous retrouvez face à un petit groupe de gens que le vacarme a attiré. Aucune des personnes présentes ne parlant ou ne comprenant le sommerlundais, vous êtes dans l'impossibilité d'expliquer votre innocente erreur. Considérant les regards hostiles qui sont fixés sur vous, vous estimez préférable de renoncer à chercher l'acteur en fuite. Rendez-vous au **165.**

111

Vous vous mettez en position et vous vous concentrez pour choisir le meilleur moment où frapper. Tous vos sens de Guerrier Kaï en éveil, vous lancez une attaque éclair. Plongeant sous le cimeterre qui siffle au-dessus de votre tête, vous tranchez la sangle de selle de votre adversaire. La selle bascule sur le côté et le cavalier tombe à bas de son cheval, s'écrasant à terre dans un nuage de poussière et de cendre. Vous avancez vers lui pour l'achever, mais il est prompt à réagir et se relève d'un bond. Il vous fait face à présent. Si vous souhaitez le combattre, rendez-vous au **90.** Si vous préférez prendre la fuite, rendez-vous au **163.**

112

Le pont s'écrase contre la paroi rocheuse dans un grand fracas. Utilisez la *Table de Hasard* pour obtenir un chiffre. Si votre total actuel d'ENDURANCE est inférieur à 10 vous devrez déduire trois points du chiffre que vous aurez tiré. Si, en revanche, votre total actuel d'ENDURANCE est supérieur à 20, vous ajouterez trois points au chiffre donné par la *Table*. Si le total obtenu est de 3 à 4, rendez-vous au **42**. De 5 à 12, rendez-vous au **303**.

113

Vous pénétrez dans la forêt et vous descendez le flanc de la colline en direction de la rivière Xane. Au bout de quelques mètres, la végétation devient trop dense pour que vous puissiez continuer à cheval. A contrecœur, vous faites donc signe à vos hommes de descendre de selle pour poursuivre votre chemin à pied. Vous parvenez bientôt au bord de la rivière dont vous remontez le courant parsemé d'écume. Vous escaladez ainsi plusieurs terrasses rocheuses dont la surface a été rendue parfaitement lisse par la force du torrent. Vous parvenez ensuite à un endroit où de petits cours d'eau se jettent dans la rivière. Vous apercevez alors six brigands qui donnent des coups de lance dans l'eau bouillonnante le long de la berge. Sur la rive opposée, des poissons gris sont entassés à côté d'un chariot attelé. Vous reconnaissez aussitôt ce chariot : il appartient à la cavalerie du Sommerlund. Si vous avez atteint le rang Kaï de Guerrier, rendez-vous au **166**. Sinon, vous pouvez lancez une attaque surprise contre les bandits en vous rendant au **14**. Si vous préférez essayer de traverser la rivière à l'abri des rochers, rendez-vous au **316**. Enfin, si vous pensez qu'il serait imprudent de traverser à cet endroit, vous pouvez rebrousser chemin en vous rendant au **232**.

114

Vous ordonnez à vos hommes de se préparer au combat et vous faites signe à l'un des fils du tenancier de la taverne d'ouvrir la porte. A peine a-t-il fait glisser la barre de fer qui la verrouille, que la porte s'ouvre à la volée. Une douzaine de brigands, trempés par la pluie, font alors irruption dans la taverne, leurs boucliers en avant, alignés bord contre bord. Vos hommes se précipitent pour tenter de les repousser, frappant en tous sens en direction des têtes et des bras qui émergent parfois de derrière les boucliers ; quelques instants plus tard cependant, d'autres bandits envahissent à leur tour la taverne et vos soldats sont contraints de battre en retraite. Soudain, un Guerrier de haute taille vêtu d'une armure écarlate, franchit le mur de boucliers et se précipite vers vous en brandissant son épée. Il vous est impossible de prendre la fuite et vous devrez combattre ce Guerrier Pillard jusqu'à la mort de l'un de vous deux.

GUERRIER
PILLARD HABILETÉ : 16 ENDURANCE : 25

Si vous êtes vainqueur, rendez-vous au **295**.

115

Tandis que le bateau franchit l'arcade aménagée dans le mur situé au sud, vous ramenez votre cape de Seigneur Kaï autour de vos épaules en relevant le capuchon. Vous venez en effet de pénétrer dans un tunnel dont le plafond laisse échapper des gouttes d'eau couleur de rouille qui tachent les cheveux et les tuniques de vos hommes. Vous ramez pendant un kilomètre et demi environ avant d'arriver dans une petite caverne. Un escalier émergeant de la rivière mène à une autre arcade, s'ouvrant dans la paroi rocheuse. Si vous souhaitez aborder au pied de cet escalier pour explorer le tunnel au-delà de l'arcade, rendez-vous au **8**. Si vous préférez continuer à descendre la rivière en direction du sud, rendez-vous au **240**.

116

« J'espérais bien que le roi enverrait un détachement pour partir à notre recherche, » dit le capitaine Gayal qui a retrouvé à présent toutes ses forces. « Je commençais à être fatigué de cette ville. » Vous vous redressez sur votre paillasse et vous remerciez le capitaine. En agissant avec courage et au moment opportun, il vous a sauvé d'une mort certaine. « Ce n'est rien, comparé à vos exploits, Loup Solitaire, répond-il, votre vaillance est légendaire et votre présence ici vaut celle de cent hommes. » Il vous demande de lui parler de votre mission et vous lui racontez les événements qui vous ont conduit à le retrouver : votre marche vers le sud, la perte de vos hommes, la traversée des mines de Maaken et les brigands. « Oui, les brigands, les hommes d'un certain Barraka, » dit le capitaine Gayal d'une voix qui exprime tout le mépris qu'il leur porte, à eux et à leur chef, « Nous avons eu tous deux à souffrir des méfaits de Barraka. Il y a un mois, il m'a tendu une embuscade sur la voie de Ruanon en compagnie de ses renégats vassagoniens. Nous étions largement surpassés en nombre et le combat fut acharné mais, finalement, nous avons réussi à leur échapper et à nous réfugier ici à Ruanon. Depuis ce temps, nous avons été assiégés sans relâche en espérant qu'on nous enverrait de l'aide. Nous avons suffisamment d'armes pour leur résister, mais nous commençons à manquer de vivres et d'eau. » Vous lui demandez ensuite ce qu'il est advenu des habitants de Ruanon. « La plupart sont devenus des esclaves de Barraka qui les a emmenés dans les mines pour lui servir de main d'œuvre. En dehors de vous, un seul homme a pu s'échapper des mines et survivre aux attaques des Chiens de Guerre et des patrouilles de brigands. Cet homme est le baron Oren Vanalund. Venez, je vais vous conduire auprès de lui. » Le capitaine Gayal vous mène à la plus haute salle de la tour de guet et pousse une porte ornée de ferrures. La vision qui s'offre alors à vous vous remplit de chagrin et de pitié. Rendez-vous au **318**.

117

Vous arrivez bientôt à un endroit du tunnel où des travaux sont en cours. Le sol s'est effondré et une passerelle de bois vermoulu enjambe un trou béant. Vous êtes fatigué et vous ne remarquez pas que votre Torche est sur le point de s'éteindre. Vous vous trouvez au milieu de la passerelle lorsque la flamme vacille puis meurt. Vous êtes alors plongé dans les ténèbres. Si vous disposez d'une autre Torche, rendez-vous au **22**. Si vous n'avez pas de Torche de secours, vous devrez avancer sur le pont dans une totale obscurité. Utilisez la *Table de Hasard* pour obtenir un chiffre. Si vous maîtrisez les Disciplines Kaï du Sixième Sens ou de l'Orientation, ajoutez trois au chiffre que vous aurez tiré. Si votre total est de 0 à 6, rendez-vous au **99**. De 7 à 12, rendez-vous au **256**.

118

La porte de fer est fermée à clé. Elle comporte une grosse poignée à laquelle est suspendu un Fouet. Si vous voulez prendre ce Fouet, inscrivez-le sur votre *Feuille d'Aventure* dans la case des objets contenus dans votre Sac à Dos. Si vous possédez une Clé de Fer, vous pouvez ouvrir la porte en vous rendant au **308**. Si vous ne possédez pas cette Clé, ou si vous ne souhaitez pas ouvrir la porte, vous pouvez quitter les lieux en empruntant un escalier en colimaçon. Pour monter cet escalier, rendez-vous au **170**. Si vous préférez descendre les marches, rendez-vous au **228**.

119

« Plus un geste, Barraka ! Sa vie ne t'appartient pas ! » Vos paroles ont résonné en dominant le mugissement du vent. Le renégat se tourne pour vous faire face en éclatant d'un rire aussi sonore que votre ordre. Il s'avance alors vers vous en serrant dans son poing le poignard à la lame enflammée. Vous dégainez votre arme et vous entrez dans le temple. Si vous souhaitez engager le combat avec ce Seigneur de la Guerre, rendez-vous au **296**. Si vous préférez essayer de libérer Madelon, rendez-vous au **73**.

120

Après avoir chevauché pendant plusieurs heures vous arrivez à un croisement. Un grand panneau de signalisation indique deux directions : Ruanon au sud, distante de 95 km, Eshnar à l'est, à 65 km. Si vous souhaitez prendre la direction du sud, rendez-vous au **33**. Si vous préférez aller à l'est, rendez-vous au **92**.

121

A peine votre adversaire s'est-il effondré à vos pieds, qu'une autre vague d'attaquants se rue en avant. Vos hommes sont courageux et inflexibles, mais l'ennemi les surpasse en nombre et vous ne pourrez pas le contenir indéfiniment. « Dans la mine ! » hurlez-vous alors, tandis que les agresseurs se préparent à lancer une nouvelle charge. Mais quatre de vos hommes seulement parviennent jusqu'à la mine. Les autres ont été tués et leurs corps restent étendus sur le champ de bataille, sous leurs boucliers. Rendez-vous au **248**.

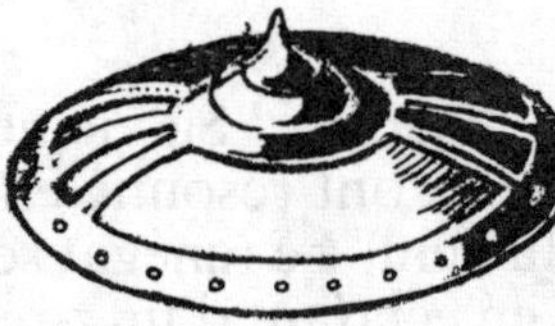

122

Vous dégainez votre arme et la plainte du vent retentit aussitôt avec plus de force, comme animée d'une brusque colère. Il semble s'infiltrer en vous, faisant naître dans votre esprit de terribles images d'horreur et de mort. Barraka vous voit hésiter et vous porte un coup qui vous blesse à la joue. Vous perdez aussitôt 1 point d'ENDURANCE. Cette soudaine douleur, cependant, vous ramène à la réalité et le combat s'engage avec votre cruel ennemi.

BARRAKA HABILETÉ : 25 ENDURANCE : 29

Il vous attaque en même temps à l'aide d'une redoutable Puissance Psychique, qui réduira de 4 points votre total d'HABILETÉ pendant toute la durée de l'affrontement, si vous ne maîtrisez pas la Discipline Kaï du Bouclier Psychique. La force exceptionnelle de sa volonté le rend en revanche invulnérable à la Discipline Kaï de la Puissance Psychique. Si vous remportez la victoire, rendez-vous au **350.**

123

Vous escaladez la colline boisée. Vous avez la gorge sèche et votre cœur bat avec force comme s'il était près d'éclater, mais vous ne voulez pas prendre le risque de ralentir votre allure. Quatre heures passent avant que vous ne soyez certain d'avoir distancé l'ennemi. La nuit est presque tombée lorsque vous découvrez par hasard un étroit passage aux flancs escarpés, creusé dans la colline pour donner accès à une galerie de mines. Pendant des centaines d'années, les filons de la chaîne de Maaken ont représenté tout à la fois une bénédiction et un fléau pour ceux qui venaient ici chercher fortune. Des hommes, en effet, y ont trouvé des richesses qui dépassaient leurs espérances les plus insensées tandis que d'autres ont péri sans laisser de traces dans un labyrinthe de tunnels sombres et glacés. Vous examinez l'entrée de la mine. Si vous parvenez à trouver l'un des tunnels principaux, vous devriez pouvoir atteindre Ruanon par ces souterrains. Quelques mètres plus loin, vous découvrez une caisse de bois contenant six Torches et un Briquet d'Amadou. Les galeries de mines sont obscures et vous aurez besoin d'au moins une Torche pour vous éclairer. Vous avez cependant le droit d'en prendre davantage si vous le désirez, mais rappelez-vous que chaque Torche compte pour un objet dans votre Sac à Dos. Faites les modifications nécessaires sur votre *Feuille d'Aventure* avant d'entrer dans les mines en vous rendant au **315.**

124

Un bouclier mobile muni de roues avance lentement sur le champ de bataille semé de cadavres. Il s'approche de la barricade et des flèches bientôt se fichent dans l'épaisseur de son panneau de bois : ce sont les hommes du capitaine Gayal qui tirent sans relâche pour essayer d'atteindre les attaquants dissimulés derrière le bouclier. Soudain, une silhouette vêtue d'une toge surgit en brandissant une baguette noire pointée vers la barricade. L'homme est aussitôt abattu par une flèche, mais il a eu le temps de faire jaillir de sa baguette une gigantesque boule de feu qui traverse la plaine puis vient exploser dans un fracas terrifiant sur la barricade. Des corps sont projetés en tous sens et la barricade elle-même vole en éclats. A travers un nuage de fumée et de cendres, vous distinguez bientôt une ligne de cavaliers qui lancent une charge en galopant dans la

124 *Les flèches se fichent dans le panneau de bois.*

plaine. Les soldats sont coiffés de grands heaumes empanachés et protégés par des plastrons d'acier d'un rouge écarlate. Dans le sillage de la boule de feu, ils submergent les restes de la barricade en menant une attaque sans merci. L'un des cavaliers se précipite sur vous, la lance pointée sur votre poitrine. Si vous souhaitez combattre cet adversaire, rendez-vous au **333.** Si vous préférez courir vers la tour de guet, rendez-vous au **107.**

125

Vous esquissez un sourire en tirant sur la corde de toutes vos forces puis vous vous tournez alors vers vos poursuivants en étant convaincu qu'ils vont être précipités dans le puits de mine. Malheureusement, ce n'est pas le pont qui s'abat, mais une lourde herse qui bloque instantanément l'entrée du tunnel. Vos ennemis éclatent d'un rire sardonique et dégainent leurs armes en se lançant à l'attaque. Il vous est impossible de prendre la fuite et il vous faut les combattre un par un à mesure qu'ils franchissent le pont.

	HABILETÉ	ENDURANCE
CHEF DES GARDES	20	30
Premier GARDE DES TUNNELS	18	26
Deuxième GARDE DES TUNNELS	16	24

Si vous êtes vainqueur rendez-vous au **261.**

126

L'obscurité de la nuit descend bientôt sur la Voie de Ruanon et vous êtes contraints de vous arrêter pour établir votre campement. Vos hommes allument un grand feu et des sentinelles montent la garde pour prévenir toute attaque surprise au cours de la nuit. Il vous faut à présent prendre un Repas, sinon vous perdrez trois points d'ENDURANCE. La nuit se passe sans incident et vous levez le camp à l'aube en poursuivant votre chemin à travers la Contrée des Pillards. Utilisez la *Table de Hasard* pour obtenir un chiffre. Si vous tirez un chiffre entre 0 et 4, rendez-vous au **25.** Entre 5 et 9, rendez-vous au **171.**

127

Tandis que vous repoussez le corps de l'Elix qui vient de tomber mort, une bataille désespérée continue de faire rage autour de vous. Deux de vos hommes sont étendus sur le sol, la gorge déchirée par les féroces créatures. Le cadavre d'un autre Elix transpercé par une épée s'est effondré sur un troisième patrouilleur qui reste coincé sous le monstre mort. Le quatrième patrouilleur a atteint l'escalier et porte des coups désespérés à la tête d'une des créatures qui lui a enfoncé les dents dans le pied. Les Gardes ne donnent plus signe de vie. Ils ont été précipités au fond du puits de mine dans les profondeurs d'une rivière souterraine. Si vous souhaitez porter secours au patrouilleur coincé sous le cadavre de l'Elix, rendez-vous au **178.** Si vous préférez prêter main-forte à celui qui se bat au pied de l'escalier, rendez-vous au **245.**

128

Vous vous précipitez vers la trappe mais le Guerrier tente d'empêcher votre fuite. Utilisez la *Table de Hasard* pour obtenir un chiffre. Si vous maîtrisez la Discipline Kaï de la Chasse vous ajouterez 3 au chiffre que vous aurez tiré. Si le total obtenu est de 0 à 4, rendez-vous au **103.** De 5 à 12, rendez-vous au **98.**

129

Vous arrivez bientôt à un endroit du tunnel où le sol s'est effondré. Une profonde crevasse s'est formée que l'on peut traverser grâce à une passerelle de fortune. Cette passerelle elle-même est trouée en plusieurs endroits, mais vous parvenez malgré tout à la franchir. Vous avez faim à présent et il vous faut prendre un Repas sinon vous perdrez 3 points d'ENDURANCE. Faites les modifications nécessaires sur votre *Feuille d'Aventure,* puis rendez-vous au **309.**

130

Pendant plus d'une heure vous suivez la berge de la rivière qui s'enfonce dans les contreforts de la chaîne de Maaken. La rivière Xane est large et son cours rapide. Vous n'apercevez ni pont, ni gué dans la direction où vous allez. Si vous souhaitez retourner au hangar à bateaux, rendez-vous au **68.** Si vous préférez continuer à longer la rivière en direction de l'est, rendez-vous au **331.**

131

La porte n'est pas fermée à clé. Vous l'ouvrez et vous pénétrez dans un tunnel plongé dans la pénombre. Cette partie de la mine semble avoir été creusée récemment. Les étais sont neufs en effet, et le sol n'a pas encore été égalisé par le passage répété des mineurs et des chariots. Ce tunnel mène vers le sud pendant un kilomètre et demi. Puis soudain, il tourne brusquement vers l'ouest. Rendez-vous au **185.**

132

Vos hommes attachent leurs chevaux puis vous suivent à l'intérieur de la taverne. Une vieille femme se tient derrière le bar. Elle a le visage tendu et creusé de rides, comme si elle souffrait. Elle porte des vêtements d'homme : une chemise et un pantalon à carreaux. La salle est vide, mais les tables sont encombrées de chopes de bière encore à moitié pleines. Si cette taverne vous met mal à l'aise, rendez-vous au **67.** Si vous souhaitez poser des questions à la vieille femme, rendez-vous au **287.**

133

Les brigands vous cernent et s'avancent vers vous bien décidés à vous tuer. Ils vous attaquent simultanément et vous devrez les combattre en les considérant comme un seul et même adversaire.

PATROUILLE DE BRIGANDS HABILETÉ : 18 ENDURANCE : 35

Vous avez le droit de prendre la fuite à tout moment, en courant vers Ruanon. Rendez-vous pour cela au **307.** Si vous perdez des points d'ENDURANCE au cours de ce combat, rendez-vous au **17.** Si vous remportez la victoire, sans perdre un seul point d'ENDURANCE, rendez-vous au **265.**

134

Vous arrivez bientôt à l'entrée d'une galerie de mine. Deux rangées d'empreintes de pas s'enfoncent dans l'obscurité du tunnel. A en juger par leur forme et leur taille, elles ont été laissées par deux de vos éclaireurs disparus. Vous criez dans la galerie, mais personne ne vous répond. Si vous souhaitez entrer dans cette mine, rendez-vous au **91.** Si vous préférez abandonner vos recherches, revenez le long du sentier de la colline en vous rendant au **191.**

135

Les étendues plates et désolées du Pays Sauvage n'offrent aucun abri pour vous dissimuler aux yeux des hordes de brigands. Ces derniers sont quatre fois plus nombreux que vous et la vie ou la mort de toute votre troupe dépend à présent de la décision que vous prendrez. Si vous souhaitez partir à l'attaque des brigands dans l'espoir qu'une action audacieuse saura les effrayer, rendez-vous au **284.** Si vous préférez séparer vos hommes en deux groupes, vous partirez d'un côté avec dix patrouilleurs tandis que les autres prendront la direction de l'ouest pour essayer d'attirer les bandits vers les monts Durncrag, rendez-vous pour cela au **211.** Enfin, si vous estimez plus judicieux de galoper vers le sud pour essayer d'atteindre la forêt de Ruanon avant que les bandits n'aient pu vous rattraper, rendez-vous au **30.**

136

L'homme blessé est en état de choc. Son bras gauche est complètement écrasé au-dessus et au-dessous du coude et il a plusieurs côtes cassées. Si vous maîtrisez la Discipline Kaï de la Guérison, rendez-vous au **313.** Sinon, rendez-vous au **216.**

137

Tout autour de la barricade, les ennemis refluent en désordre. Les cornes de guerre des brigands sonnent la retraite exhortant les Guerriers vaincus à fuir le champ de bataille. Jubilant, le capitaine Gayal émerge de la fumée les yeux brillants comme des joyaux sous les bords de son casque cabossé. « Nous avons triomphé, Loup solitaire, s'exclame-t-il, l'ennemi est vaincu ! » Les hommes du capitaine ont entrepris de rebâtir la barricade et de soigner leurs camarades blessés. La vue des soldats sommerlundais morts dans la bataille vous attriste mais vous vous consolez en songeant que les pertes de vos agresseurs sont infiniment plus lourdes. Le capitaine vous emmène à la tour de guet où l'on soigne vos blessures à l'aide d'herbes de Laumspur. Vous regagnez aussitôt six points d'ENDURANCE. « Nous avons vaincu ces brigands, mais je crains bien qu'il ne s'agisse là que d'un bref répit, » dit le capitaine dont le visage à présent a pris une expression grave et sombre. « Le sacrifice de la fille du baron Vanalund doit être empêché à tout prix si nous voulons éviter la catastrophe. Nous n'aurions pas la force en effet de nous opposer aux légions des morts ressuscités de leur tombe. » Les vers de la prophétie vous reviennent aussitôt en mémoire et un frisson vous parcourt l'échine quand vous repensez à la menace qu'ils font peser. Dans trois jours, lorsque la lune sera pleine, Barraka sacrifiera la fille du baron dans le temple souterrain et ce sacrifice libérera les morts des gorges de Maaken, le gouffre maudit. Il vous faut à tout prix empêcher ce sacrifice. Rendez-vous au **12.**

138

Vous êtes arrivé au milieu de la rampe lorsqu'un Garde se tourne pour vous faire face. Il bat des paupières et frotte ses yeux injectés de sang d'un air incrédule. Profitant de l'effet de surprise, vous vous précipitez sur lui en espérant pouvoir le frapper avant qu'il n'ait pleinement réalisé la situation. Alors qu'il s'apprête à pousser un cri, vous lui portez un coup qui le précipite par-dessus le bord de la rampe. L'autre Garde, tire son épée et se relève tant bien que mal. De toute évidence il est ivre et rendu fou furieux par votre attaque. Il se rue alors sur vous comme un chien enragé.

GARDE IVRE HABILETÉ : 13 ENDURANCE : 29

Vous pouvez prendre la fuite à tout moment en courant dans le tunnel situé à ce niveau. Rendez-vous pour cela au **81.** Si vous remportez la victoire, rendez-vous au **152.**

139

Vous envoyez trois de vos hommes dans la vallée avec ordre de reconnaître la grand-route et d'inspecter la forêt qui la borde pour y découvrir la présence d'éventuels brigands. Vous donnez pour consigne à vos éclaireurs de revenir faire leur rapport dans deux heures. Vous avez faim à présent et il vous faut prendre un Repas sinon vous perdrez trois points d'ENDURANCE. En dépit de la fatigue, vos patrouilleurs, tous leurs sens en alerte, sont prêts à l'action. En effet, il y a maintenant plus de trois heures que vos éclaireurs sont partis et aucun d'entre eux n'a encore donné signe de vie. Si vous souhaitez envoyer trois autres éclaireurs dans la vallée, rendez-vous au **206.** Si vous préférez attendre l'aube pour partir à leur recherche, rendez-vous au **330.** Enfin, si vous estimez qu'il est beaucoup trop dangereux de rester ici, vous pouvez repartir vers l'est en direction de la ville d'Eshnar. Rendez-vous pour cela au **92.**

140

L'obscurité du crépuscule enveloppe l'avant-poste assiégé de Ruanon et vous profitez de la nuit pour traverser la plaine jonchée de cadavres en direction du sud. Une ancienne route mène à Maaken, mais elle est contrôlée par les Guerriers vassagoniens. Ils y sont rassemblés par groupes, soignant leurs blessés et ruminant leur défaite. Bien qu'ils soient abattus et démoralisés, il n'en restent pas moins des ennemis mortels et il serait trop dangereux d'essayer de franchir leurs lignes ; il vous faut donc passer par la forêt pour pouvoir vous cacher. Si vous souhaitez pénétrer dans la forêt à droite de la route, rendez-vous au **70**. Si vous préférez traverser la forêt du côté gauche, rendez-vous au **314**.

141

Vous n'êtes pas allé bien loin, lorsque éclate soudain un orage qui déverse sur vos têtes une pluie torrentielle. En quelques minutes, la route sèche et poussiéreuse se transforme en marécage. Il vous sera impossible d'établir votre campement sous cette pluie battante et vous décidez donc de poursuivre votre chemin toute la nuit en espérant que l'orage cessera bientôt. Au cours de cette nuit passée à cheval il vous faudra prendre un Repas, sinon vous perdrez 3 points d'ENDURANCE. Au matin, la pluie a cessé, mais cette épreuve vous a épuisés, vous et vos hommes. Rendez-vous au **253**.

142

L'aube arrive, sinistre et pluvieuse. Un voile de bruine enveloppe la cité fantôme et les gémissements lugubres des vents qui soufflent au fond des gorges de Maaken vous mettent mal à l'aise. Vous contemplez longuement les ruines, votre cape de Seigneur Kaï serrée autour de vos épaules pour vous protéger du froid et de l'humidité. C'est ici même, au temps de la lune

142 *La crypte est gardée par deux guerriers vassagoniens.*

noire, que le roi Ulnar du Sommerlund tua le Seigneur Vashna, le plus puissant des Maîtres des Ténèbres. A l'issue d'un mortel combat livré au bord même de cet abîme, le redoutable Maître des Ténèbres fut tué par le Glaive de Sommer. On dit que son cri de mort, lorsqu'il tomba dans le gouffre, résonnera dans ces profondeurs jusqu'au jour où Vashna se relèvera pour mener sa vengeance contre le Sommerlund et la maison d'Ulnar. Vous sentez votre estomac se contracter à la pensée que ce jour est peut-être venu. Cinq heures durant, vous observez la ville morte en notant le moindre détail. Le premier vers de l'étrange prophétie tourne sans cesse dans votre tête : « *Au soir de pleine lune, en un temple profond...* » Ce temple, de toute évidence, se trouve quelque part sous terre et il doit exister un moyen d'y accéder. Mais par où peut-on y entrer ? Vous étudiez chaque fissure du terrain accidenté et vous arrivez à la conclusion que seuls deux chemins peuvent y mener. Il faut soit franchir la porte d'une crypte, gardée par deux Guerriers vassagoniens, soit descendre un escalier de marbre qui s'enfonce sous terre entre deux colonnes en ruines. Si vous souhaitez essayer de pénétrer dans le temple par la porte de la crypte que surveillent les Gardes, rendez-vous au **183**. Si vous préférez descendre l'escalier de marbre qui, lui, n'est pas gardé, rendez-vous au **270**.

143

Quels que soient vos efforts, l'étai refuse de bouger. Soudain, vos poursuivants émergent des tunnels obscurs et vous attaquent. Ils ne sont que deux, mais d'autres les suivent un peu plus loin. Le combat est inévitable, et vous allez devoir les affronter un par un.

	HABILETÉ	ENDURANCE
PREMIER GARDE DES TUNNELS	16	22
DEUXIÈME GARDE DES TUNNELS	15	21

Si vous parvenez à tuer le premier Garde, vous aurez le droit de prendre la fuite en vous rendant au **87.** Si vous tuez les deux Gardes, rendez-vous au **230.**

144

Vous sautez du chariot et vous courez à toutes jambes sans vous douter de ce qui vous attend. Une profonde excavation s'ouvre en effet à quelques mètres et vous y tombez tête la première. Avant de disparaître dans ce gouffre d'une trentaine de mètres de profondeur, vous avez le temps d'apercevoir l'expression horrifiée de votre ami anonyme. Quelques instants plus tard, vous vous fracassez le crâne. Votre mission s'achève ici en même temps que votre vie.

145

Le tunnel descend sur des kilomètres, s'enfonçant dans la roche. De temps à autre, vous sursautez en voyant surgir des essaims de mouches luisantes ou des chauves-souris qui volettent autour de vous dans l'obscurité, attirées par la chaleur de votre corps. Vous atteignez enfin une salle dans laquelle une petite cabane de bois a été construite contre le mur. Vous êtes épuisé et quelques heures de sommeil vous seraient nécessaires. Si vous souhaitez entrer dans la cabane pour vous y reposer, rendez-vous au **322.** Si vous préférez poursuivre votre chemin en ignorant votre fatigue, rendez-vous au **162.**

146

Le brigand tombe dans l'eau et son cadavre disparaît. Vous sautez d'une pierre à l'autre à la poursuite des deux Pillards qui ont survécu à l'embuscade et qui essaient à présent de rejoindre la rive opposée pour donner l'alerte à leurs camarades, restés dans le chariot. Les brigands surgissent bientôt du véhicule et vous constatez alors avec horreur qu'ils sont tous armés d'arcs. Ils les tendent aussitôt en visant vos patrouilleurs. Vous hurlez pour avertir vos hommes mais à cet instant, une flèche à la pointe d'acier vous effleure le sommet du crâne en vous précipitant dans les eaux sombres et bouillonnantes de la rivière Xane. Rendez-vous au **272.**

147

Le Garde vous entend approcher et fait aussitôt volte-face. Il vous regarde d'un air stupéfait puis tire son épée. La surprise de votre attaque vous donne un avantage au cours du premier Assaut. De ce fait, vous ne perdrez aucun point d'ENDURANCE, quelles que soient les indications données par la *Table des Coups Portés*. A partir du deuxième Assaut, le combat se poursuivra normalement.

GARDE DU PONT HABILETÉ : 14 ENDURANCE : 23

Si vous remportez la victoire, rendez-vous au **280**.

148

« Rassemblement ! » lance la voix du capitaine Gayal dominant le fracas de la bataille. « Rassemblez-vous autour de moi, soldats du Sommerlund ! » Le courageux capitaine regroupe ses soldats protégés par des boucliers et charge le flanc des cavaliers ennemis qui vacillent et reculent. Le capitaine et sa troupe parviennent à semer la panique dans les rangs adverses et, bientôt, un héraut vassagonien, son armure écarlate cabossée et le visage éclaboussé de sang, s'éloigne de la bataille pour sonner la retraite. Vous voyez alors les brigands survivants lancer leurs montures au galop cherchant désespérément à s'échapper par la brêche ouverte dans la barricade. Submergés par la peur et la fatigue, ils s'élancent sur leur propre troupe d'infanterie qui s'avançait en renfort. Les soldats à pied sont ainsi renversés et écrasés par la cavalerie qui les piétine. Le capitaine Gayal mène ses hommes jusqu'à la barricade et une volée de flèches mortelles s'abat alors sur l'ennemi en déroute. Pour les Vassagoniens c'est le coup fatal. Ils jettent leurs armes et s'enfuient à toutes jambes pour essayer d'échapper à la pluie de flèches qui tombe d'un ciel envahi de fumée. Un cri de guerre fier et strident les poursuit à travers la plaine : « Vive le Sommerlund ! » Rendez-vous au **137.**

149

Un terrible sentiment de culpabilité vous envahit lorsque vous reconnaissez ces Amulettes. Ce sont en effet les symboles d'un ordre de moines qu'on appelle « les Rédempteurs » ; il s'agit de pèlerins dont la vie est consacrée à la prière et à la guérison. Vous vous maudissez d'avoir agi si hâtivement et vous rattachez soigneusement ces colliers autour du cou des deux moines. Rendez-vous au **188.**

150

Le sentier mène à l'entrée d'une galerie de mine à moitié masquée par des feuillages. Vous jetez un coup d'œil dans ce passage obscur et vous constatez que plusieurs poutres et étais se sont effondrés. Des monticules de terre couverts de mousse parsèment le sol du tunnel et une rigole d'eau teintée par le minerai serpente parmi eux. Les traces de sabots s'interrompent devant l'entrée, mais deux rangées d'empreintes de pas s'enfoncent à l'intérieur de la mine. Si vous souhaitez envoyer vos hommes à la recherche des chevaux disparus, rendez-vous au **164.** Si vous préférez suivre les traces de pas à l'intérieur de la galerie, rendez-vous au **288.** Enfin, si vous préférez interrompre les recherches, vous pouvez revenir sur vos pas le long du sentier de la colline en vous rendant au **6.**

148 *Un héraut vassagonien, le visage ensanglanté, sonne la retraite.*

151

Le sol du tunnel est couvert de restes décomposés de rongeurs. Le bruit des os qui craquent sous les pas de vos hommes à mesure qu'ils avancent parmi ces débris pestilentiels, vous fait grimacer de dégoût. Vous arrivez bientôt à un endroit où le tunnel tourne brusquement vers l'est. La lumière d'une Torche se reflète sur les murs de pierre brute. En jetant un coup d'œil à l'angle du tunnel, vos soupçons se trouvent confirmés : deux Guerriers vêtus d'armures montent en effet la garde devant un puits qui s'enfonce dans le sol d'une salle éclairée par des Torches. Si vous souhaitez faire signe à vos hommes d'attaquer les Gardes, rendez-vous au **320.** Si vous préférez attirer les Gardes dans le tunnel afin de les capturer vivants, rendez-vous au **197.**

152

En fouillant le cadavre du Garde, vous trouvez les objets suivants :

- 1 Épée
- 6 Pièces d'Or
- des vivres équivalents à deux Repas
- 1 Clé de Cuivre

Vous pouvez prendre un ou plusieurs de ces objets à condition de les noter sur votre *Feuille d'Aventure*. Au moment où vous vous apprêtez à pénétrer dans le tunnel, un autre Garde apparaît au pied de la rampe. Il vous voit et donne aussitôt l'alerte en soufflant dans la corne de guerre qu'il porte autour du cou. Vous ne perdez pas de temps à attendre de voir ce qui va se passer et vous vous hâtez de fuir à toutes jambes dans le tunnel, tandis que les échos de la corne retentissent encore à vos oreilles. Rendez-vous au **81.**

153

Vous tirez votre flèche qui siffle en direction du chef des bandits, mais celui-ci la voit et lève son bouclier d'acier. Votre flèche ricoche sur le métal et vient se fracasser contre le mur de la tour de guet. Avant que vous n'ayez pu tirer à nouveau, votre arc vous saute des mains ; c'est un Guerrier en armure qui, d'un violent coup de pied, vous a ainsi désarmé. Il se tient au-dessus de vous, debout sur la barricade, et vous ne pouvez éviter son attaque.

GUERRIER VASSAGO-NIEN HABILETÉ : 17 ENDURANCE : 26

Vous aviez remis votre arme au fourreau pour pouvoir faire usage de votre arc. Malheureusement, le Guerrier bondit sur vous avant que vous n'ayez pu dégainer à nouveau. Vous n'avez donc plus d'arme et vous devrez combattre à mains nues pendant les deux premiers Assauts. De ce fait, vous réduirez de 4 points votre total d'HABILETÉ. Si lors du troisième Assaut vous êtes toujours en vie, vous parviendrez à tirer votre arme et votre total d'HABILETÉ retrouvera son niveau habituel. Si vous remportez la victoire, rendez-vous au **174.**

154

Lorsque vous êtes certain que les bandits ne vous poursuivent plus, vous vous arrêtez pour rassembler vos soldats épuisés. Dix hommes seulement ont échappé à la bataille, les autres ont été soit capturés, soit tués avant d'avoir pu s'enfuir. A présent que la route qui mène au Sommerlund est coupée par les bandits, vous n'avez d'autre choix que de continuer vers le sud. Utilisez la *Table de Hasard* pour obtenir un chiffre. Si vous tirez le 0, le 1 ou le 2, rendez-vous au **120.** Si vous tirez un chiffre entre 3 et 9, rendez-vous au **51.**

155

Derrière la meute des Chiens de Guerre, vous apercevez une douzaine de brigands, armés d'arcs et de flèches, qui se rapprochent. Même si vous parveniez à survivre à l'attaque des Chiens de Guerre, ces archers auraient bientôt raison de vous. Il ne vous reste donc plus qu'à prendre la fuite et vous vous mettez à courir à toutes jambes en direction de Ruanon. Rendez-vous au **225.**

156

Le tunnel aboutit bientôt au fond d'un puits de mine à la paroi duquel est fixée une échelle qui mène à un autre tunnel situé à une centaine de mètres au-dessus. L'entrée de ce tunnel se trouve dans le mur ouest. Il n'y a pas d'autre issue au puits. Si vous souhaitez monter l'échelle, rendez-vous au **212.** Si vous préférez rebrousser chemin pour prendre le tunnel orienté au sud, rendez-vous au **101.**

157

Vous êtes à présent si fatigué qu'il vous faut à tout prix vous arrêter et dormir. Plusieurs heures de sommeil vous permettent de retrouver vos forces. Vous gagnez un point d'ENDURANCE et vous poursuivez votre exploration du tunnel. Rendez-vous au **309.**

158

Votre estomac se retourne lorsque le bateau plonge en avant. Vous tombez pendant ce qui vous semble une éternité, avant de heurter tête la première, la surface de l'eau. Le choc est tel que vous êtes assommé sur le coup. Vous perdez aussitôt 3 points d'ENDURANCE. Lorsque vous reprenez connaissance vous êtes étendu à plat ventre sur un sol de boue et de gravier. Le sang vous bat aux tempes et vous avez l'impression que vos poumons sont en feu. Vous avez perdu votre Sac à Dos et tout ce qu'il contenait. Bien que votre vision soit encore trouble, vous vous apercevez très vite que vous êtes seul. Il n'y a plus trace autour de vous ni de vos hommes, ni du bateau. Apportez les modifications nécessaires à votre *Feuille d'Aventure,* puis rendez-vous au **219.**

159

Vous vous étendez parmi les blés et vous retenez votre souffle, les nerfs tendus comme des cordes de violon, en attendant que la patrouille soit passée. Des centaines de créatures minuscules grouillent le long des tiges jaunes. Votre corps tout entier commence à vous démanger. De toute évidence, ces insectes se sont introduits sous vos vêtements. La sueur ruisselle sur vos joues et les démangeaisons deviennent si insupportables que vous êtes sur le point de laisser échapper un cri. Vous vous retenez cependant tandis que les brigands passent à quelques centimètres de votre cachette sans remarquer le moins du monde votre présence. Lorsque vous êtes sûr qu'ils se sont suffisamment éloignés, vous vous relevez d'un bond et vous vous grattez frénétiquement. Vous découvrez alors avec horreur que vos jambes sont couvertes d'insectes qui se repaissent de votre sang. Vous vous débarrassez en hâte de vos vêtements, vous videz vos bottes de ces créatures et vous les arrachez de votre peau, avant de vous rhabiller et de poursuivre votre chemin le long du sentier. Les insectes vous ont fait perdre 2 points d'ENDURANCE en suçant votre sang. Rendez-vous au **204.**

160

Une escorte de cinq patrouilleurs vous accompagne le long du sentier sinueux qui mène à la maison. Il s'agit d'une masure dont les murs de pierre brute sont recouverts d'une mousse humide. Elle est dépourvue de fenêtres et l'on y entre par une étrange porte ovale. Vous avez mis pied à terre et vous vous approchez de cette porte lorsqu'une voix d'homme à l'intérieur de la masure lance soudain : « Entrez Loup Solitaire ! Je vous attendais. » Si vous souhaitez pousser la porte et entrer, rendez-vous au **84.** Si vous préférez dégainer votre arme et ouvrir la porte d'un coup de pied, rendez-vous au **205.** Enfin, s'il vous semble plus judicieux d'envoyer quelques-uns de vos hommes dans la maison, rendez-vous au **306.**

161

Vous relevez le capuchon de votre cape de Seigneur Kaï et vous vous accroupissez au fond du chariot vide en retenant votre souffle. Par un interstice entre deux planches, vous apercevez une procession d'hommes au visage hagard qui avancent vers vous en traînant les pieds. Des Guerriers Pillards les escortent en frappant ceux qui chancellent ou s'écartent des rangs. Une soudaine secousse vous indique que le chariot est à présent poussé le long du tunnel. En levant les yeux vous apercevez le visage ruisselant de sueur d'un homme qui se penche vers vous. « Fuyez à gauche quand je vous dirai : *Allez-y* ! » murmure l'homme. Il relève alors la tête et vous ne pouvez plus voir son visage. Lorsque le chariot émerge du tunnel vous êtes ébloui par la lumière du soleil. A travers l'interstice vous parvenez à voir l'endroit vers lequel on pousse votre chariot. Il s'agit d'un portique sous lequel s'arrête la voie ferrée, à quelque quinze mètres au-dessus d'un énorme entassement de minerai. Vous n'avez pas l'occasion cependant de poursuivre longtemps votre contemplation : un ordre bref vous interrompt en effet : « Allez-y ! » murmure l'homme au visage ruisselant de sueur. Si vous souhaitez sauter du chariot en courant vers la gauche, rendez-vous au **27.** Si vous préférez sauter du chariot en courant vers la droite, rendez-vous au **144.** Enfin, si vous estimez plus sage de ne pas tenir compte de ce conseil et de rester où vous êtes, rendez-vous au **294.**

162

Deux tunnels mènent hors de la salle, l'un est orienté à l'ouest, l'autre au sud. Si vous souhaitez aller à l'ouest, rendez-vous au **214.** Si vous préférez vous diriger vers le sud, rendez-vous au **117.**

163

Vous faites volte-face et vous vous enfuyez en courant, mais vous trébuchez contre une roue de chariot brisée et vous tombez à terre. Vous entendez alors le rire sardonique du Guerrier vassagonien qui lève son cimeterre pour vous frapper. Son rire cependant se transforme soudain en un hurlement de douleur. Un instant plus tard, il s'effondre sur le sol, une flèche profondément enfoncée dans la nuque. C'est un soldat du Sommerlund qui vient de vous sauver. Rendez-vous au **249.**

164

Soudain, le son aigu d'une corne de guerre vous glace le sang. Des Guerriers Pillards revêtus d'habits écarlates sautent alors des feuillages et se précipitent sur vos hommes. Ils sont trois fois plus nombreux que vous et il se pourrait bien qu'il soit impossible d'échapper à cette mortelle embuscade. Si vous souhaitez rassembler vos hommes pour engager le combat, rendez-vous au **299.** Si vous préférez leur ordonner de battre immédiatement en retraite et de se réfugier dans la mine, rendez-vous au **52.**

165

Vous revenez auprès des troubadours au moment où ils s'apprêtent à servir le dîner. Le bouillon qui fume dans la marmite, vous semble fort appétissant. Si vous souhaitez partager leur repas, rendez-vous au **319.** Si vous préférez vous en abstenir, vous devrez manger vos propres provisions ou perdre trois points d'ENDURANCE. Rendez-vous au **13** pour prendre votre propre Repas en assistant au spectacle donné par les musiciens.

166

Vous sentez que le chariot abrite plusieurs bandits endormis. S'ils se réveillent avant que vous n'ayez pu traverser la rivière ou avant que vous ne vous soyez débarrassé des six brigands en train de pêcher, vous aurez beaucoup de mal, vos hommes et vous-même, à leur échapper. Vous estimez donc qu'il est trop dangereux d'essayer de traverser la rivière à cet endroit et vous faites signe à vos patrouilleurs de vous suivre en direction de l'est. Rendez-vous au **232.**

167

Vous avez la satisfaction de découvrir au fond du chariot de mine un Sac à Dos de mineur et une Pelle. A l'intérieur du Sac à Dos, vous trouvez des provisions équivalentes à un Repas. Vous ajustez le Sac à Dos sur vos épaules puis vous montez la pente raide du tunnel. Apportez à votre *Feuille d'Aventure* les modifications nécessaires avant de vous rendre au **185.**

168

Vous séparez les deux moitiés de votre Sphère de Feu et vous les tenez au-dessus de votre tête en reprenant votre marche. Vous êtes alors saisi d'horreur en apercevant une hideuse créature à la peau noire perchée sur une poutre, près du plafond. Son regard diabolique suit chacun de vos mouvements et sa gueule s'ouvre et se ferme comme si elle proférait de silencieuses malédictions. Soudain, le monstre s'élance de son perchoir et vous attaque. Si vous possédez le Glaive de Sommer, rendez-vous au **34.** Sinon, rendez-vous au **85.**

169

Tandis que vous écartez les feuillages, vous tombez soudain au bas d'un à-pic dissimulé sous les broussailles. Vous atterrissez sur un large sentier forestier à moins de trois mètres d'un brigand agenouillé qui examine le sabot de son cheval. L'homme est en train de dégager un éclat de pierre qui s'est glissé sous le fer de l'animal à l'aide d'un poignard à la lame recourbée. Le bruit de votre chute le fait sursauter et il se retourne aussitôt en brandissant son arme. Il vous faut le combattre.

GUERRIER
PILLARD HABILETÉ : 16 ENDURANCE : 24

Si vous remportez la victoire, vous apercevez un groupe de brigands qui s'approche en provenance du nord. Vous avez alors tout juste le temps de vous enfuir. Rendez-vous au **123.**

168 *Son regard diabolique suit chacun de vos mouvements.*

170

Vous montez les marches de l'escalier en colimaçon pendant plus de cinq minutes, puis vous arrivez enfin à un palier. Là, un tunnel mène en direction du sud. Vous le suivez jusqu'à un endroit où il tourne brusquement vers l'ouest. Un peu plus loin, sur votre droite, un escalier descend vers un niveau inférieur. Si vous souhaitez emprunter cet escalier, rendez-vous au **228.** Si vous préférez continuer le long du tunnel, rendez-vous au **221.**

171

Vous parcourez des kilomètres dans le paysage désolé qui borde la Voie de Ruanon. Cependant, en dépit de ce morne spectacle, vos hommes semblent d'humeur joyeuse. Ils chantent des chansons de marche pour essayer de rompre la monotonie du voyage et oublier quelque peu les dangers qui les attendent. Au cours de l'après-midi, des nuages d'orage s'amoncellent au sommet des monts Durncrag, à l'ouest, et un lointain grondement de tonnerre annonce une pluie imminente. A la fin de l'après-midi, vos éclaireurs repèrent un relais de diligence, un peu plus loin sur la route. C'est un grand bâtiment de pierre, aux murs fortifiés, qui abrite une taverne. Si vous souhaitez vous arrêter dans cette taverne pour la nuit, rendez-vous au **63.** Si vous préférez affronter un éventuel orage et poursuivre votre chemin en direction du sud, rendez-vous au **141.**

172

Vous reconnaissez l'accent de l'est. Ce sont des Guerriers Pillards vassagoniens qui se trouvent de l'autre côté de cette porte. Ils sont quatre et ils parlent d'un intrus qu'on a repéré dans les galeries de la mine. Vous estimez qu'en l'occurrence la discrétion est préférable et vous revenez donc dans le passage. Vous vous assurez que vous n'êtes pas suivi, puis vous entrez dans le tunnel orienté à l'ouest et le long duquel sont alignés les chariots. Rendez-vous au **55.**

173

Le pilier de bois est épais et solide. Pour l'abattre il faudra le frapper avec force. Si vous possédez le Glaive de Sommer, rendez-vous au **275.** Sinon, utilisez la *Table de Hasard* pour obtenir un chiffre. Si vous disposez d'une Pioche ou d'une Pelle vous ajouterez 2 au chiffre que vous aurez tiré. Si vous obtenez un total de 0 à 6, rendez-vous au **143.** De 7 à 11, rendez-vous au **179.**

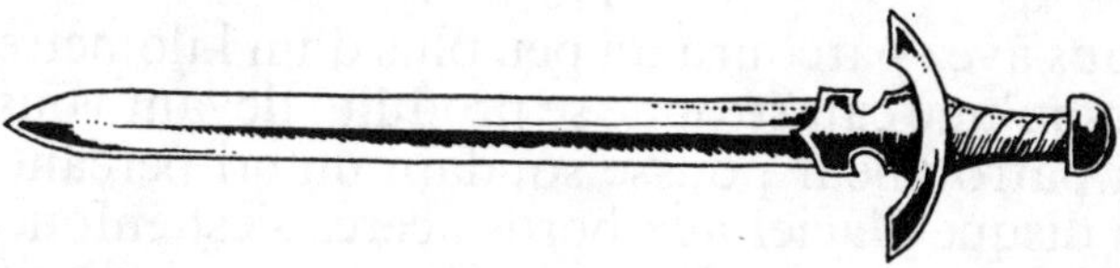

174

D'autres Guerriers ennemis avancent parmi les débris de la barricade en se dirigeant vers vous. Vous vous précipitez alors vers un grand tonneau d'eau défendu par un robuste sergent du Sommerlund. Autour du tonneau, le sol est jonché de cadavres ennemis. « Tuez leur chef ! » ordonnez-vous en montrant du doigt l'officier qui commande les brigands. D'un geste rapide, le sergent tend son arc, vise et tire. La flèche décrit une courbe dans le ciel noirci de fumée et transperce le plastron étincelant de l'officier. Ses yeux cruels se brouillent, puis se ferment et il glisse de sa selle, la flèche profondément enfoncée dans le cœur. Rendez-vous au **148.**

175

Vous avez parcouru un peu plus d'un kilomètre, lorsqu'une catastrophe se produit : devant vous, un patrouilleur pousse soudain un cri perçant ; un disque d'acier aux bords acérés s'est enfoncé dans sa poitrine. D'autres disques mortels sifflent aussitôt en tous sens. Avant que tous vos hommes ne soient abattus par vos agresseurs invisibles, vous les menez au galop dans une fuite éperdue. Lorsque enfin vous tirez sur les rênes de votre cheval aux flancs ruisselants d'écume, vous êtes à plus de trois kilomètres de l'endroit où l'embuscade a été tendue. Il ne vous reste hélas, que quatre hommes. Tous les autres ont été tués par les disques d'acier. Vous ne pouvez vous arrêter très longtemps, car l'ennemi s'est peut-être déjà lancé à votre poursuite. Vous repartez donc vers le sud, le long de la grande route, en compagnie de vos patrouilleurs rescapés. Et, tandis que vous chevauchez, le sifflement terrifiant des disques mortels résonne encore à vos oreilles, tel un écho lointain. Rendez-vous au **297.**

176

Dans un grand fracas, votre cheval heurte violemment le flanc de l'étalon d'un des brigands et vous êtes projeté à terre. A moitié assommé par le choc, vous ne parvenez pas à esquiver le coup que vous porte l'un des Guerriers ennemis. Une lame vous blesse à l'épaule et vous perdez 3 points d'ENDURANCE. Vous vous relevez aussitôt pour affronter votre agresseur ; il vous est impossible de prendre la fuite et il vous faut combattre jusqu'à la mort.

GUERRIER
PILLARD HABILETÉ : 17 ENDURANCE : 25

Si vous êtes vainqueur, rendez-vous au **7.**

177

Vous n'avez fait qu'un pas à l'intérieur de la caverne, lorsqu'un coup porté par-derrière vous assomme net. Deux Gardes vous avaient vu au croisement et vous ont tendu cette embuscade. Votre équipement est confisqué et vous êtes jeté sans connaissance dans une cellule par les hommes de Barraka. Il vous sera désormais impossible d'empêcher le sacrifice et, lorsque la porte de votre prison s'ouvrira à nouveau, c'est la main décharnée d'un squelette qui aura tourné la clé dans la serrure. Votre mission s'achève ici.

178

Vous repoussez le cadavre de la répugnante créature pour dégager le patrouilleur. Hélas, l'homme est mort. L'Elix lui a planté ses dents pointues dans le cœur. Empoignant votre arme, vous vous précipitez aussitôt vers l'autre patrouilleur qui est à présent attaqué par deux de ces Chats de Guerre géants. Un troisième Elix bondit sur vous, mais vous lui portez un coup avant qu'il n'ait eu le temps de vous atteindre et vous le précipitez dans le puits. Rendez-vous au **245**.

179

Le pilier de bois ploie peu à peu sous vos coups puis se casse soudain. Un tremblement secoue alors le tunnel ; vous trébuchez et vous tombez à terre. Vous vous relevez aussitôt et, tandis que vous courez vous mettre à l'abri, un déluge de terre et de pierres se déverse dans le souterrain. Une onde de choc vous frappe de plein fouet dans le dos et vous projette sur le sol ; un nuage de poussière se répand dans l'air. Vous vous relevez tant bien que mal et vous poursuivez votre chemin d'un pas chancelant, mais il vous faut marcher une demi-heure avant d'arriver à un endroit du tunnel où l'air redevient respirable et où les Torches fixées aux parois continuent de brûler. Rendez-vous au **335**.

180

Au fond du hangar à bateaux, une cale étroite descend vers une porte à hauteur d'eau. L'un de vos hommes se précipite pour soulever la lourde barre qui la verrouille, tandis que les autres patrouilleurs portent le bateau vers la rampe. Vous poussez l'embarcation dans l'eau de la rivière puis vous montez à bord, émergeant du hangar dans une brusque secousse qui vous jette pêle-mêle les uns sur les autres. Lorsque vous parvenez enfin à vous relever, le courant de la rivière emporte le bateau. Vous empoignez un aviron et vous essayez de maintenir l'embarcation au milieu des eaux bouillonnantes qui s'enfoncent dans les contreforts de la chaîne de Maaken. Mais, à peine avez-vous pris le contrôle du bateau qu'un danger inattendu surgit devant vous : un peu plus loin, en effet, la rivière disparaît soudain dans la paroi rocheuse d'un énorme bloc de granit. Il est trop tard pour éviter d'être emporté dans les ténèbres de la grotte qui s'ouvre de l'autre côté de la paroi. Tandis que l'embarcation plonge dans l'obscurité, vous vous préparez à affronter les périls qui vous attendent peut-être. Rendez-vous au **241**.

181

Vous entendez le claquement de la corde de l'arc et le sifflement de la flèche. Ce sont les deux derniers bruits que vous percevrez en ce monde. La flèche, en effet, vous transperce le crâne et vous mourez sur le coup. Votre mission s'achève ici, en même temps que votre vie.

182

Les roulottes sont disposées en un cercle à l'intérieur duquel vous établissez votre campement. Un patrouilleur reçoit pour mission de surveiller les abords du camp. Les troubadours, quant à eux, construisent une petite scène sur laquelle bientôt s'avance Yesu. Il demande le silence puis annonce le titre de la pièce qui va être jouée : « Les Vaillants Guerriers du Sommerlund ». C'est là un programme qui provoque les cris d'enthousiasme de vos hommes. Au cours de la représentation, un détail étrange attire votre attention. L'un des acteurs utilise en effet une épée véritable. Or, ce genre d'épée n'appartient qu'aux officiers de la cavalerie du Sommerlund. A la fin de la pièce, vous vous approchez de l'homme pour l'interroger au sujet de cette arme. Il vous regarde alors d'un air inquiet puis s'enfuit dans l'obscurité qui règne autour du camp. Si vous souhaitez le poursuivre et que vous maîtrisiez les Disciplines Kaï de l'Orientation ou de la Chasse, rendez-vous au **332.** Si ces Disciplines vous sont inconnues, mais que vous vouliez malgré tout poursuivre l'acteur, rendez-vous au **58.** Si vous préférez le laisser s'enfuir, revenez auprès de vos hommes en vous rendant au **165.**

183

Vous vous approchez d'un enchevêtrement de buissons d'épines qui poussent à proximité de la porte de la crypte. De cette cachette, vous pouvez observer les Gardes vassagoniens sans être vu. D'autres soldats à cheval apparaissent alors. Ils viennent du nord et pénètrent dans les ruines de Maaken. Ils mettent ensuite pied à terre et s'avancent vers la porte. « Le mot de passe ! » s'écrie l'un des gardes. « Lohn ! » répondent les soldats. La porte s'ouvre aussitôt et ils sont autorisés à entrer. Maintenant que vous connaissez le mot de passe, vous décidez d'essayer d'entrer dans la crypte de la même manière. Dissimulé par le capuchon de votre cape, vous vous avancez d'un pas assuré vers les Gardes. Utilisez la *Table de Hasard* pour obtenir un chiffre. Si vous maîtrisez la Discipline Kaï du Camouflage, ajoutez 4 au chiffre que vous aurez tiré. Si vous obtenez un total de 0 à 6, rendez-vous au **198.** De 7 à 13, rendez-vous au **338.**

184

Vous êtes à dix mètres à peine des Gardes lorsqu'ils se mettent à tirer. Par miracle, vous n'êtes pas touché, mais il vous faudra désormais combattre seul. Trois de vos hommes viennent en effet d'être tués ; quant au quatrième, un carreau d'arbalète lui a fracassé le poignet et il est désormais hors de combat. Lorsque vous les attaquez, les féroces Guerriers se débarrassent de leurs arbalètes vides et tirent leurs épées. Vous êtes alors repoussé en direction du pont par six Gardes furieux. Si vous souhaitez les combattre, rendez-vous au **202.** Si vous préférez vous enfuir en sautant par-dessus le parapet du pont, rendez-vous au **342.**

185

Vous avez faim et il vous faut à présent prendre un Repas. Sinon, vous perdrez 3 points d'ENDURANCE. Vous poursuivez ensuite votre chemin le long du tunnel qui se prolonge sur plusieurs kilomètres avant d'aboutir enfin à une longue galerie déserte. Rendez-vous au **40.**

186

Les brigands vassagoniens surgissent soudain des ruines et se lancent à l'attaque. Vous donnez aussitôt l'ordre de tirer. Une pluie de flèches s'abat alors sur les hommes en armure et les pointes d'acier transpercent leurs plastrons écarlates. La première vague d'attaquants s'effondre. La seconde hésite. Une autre volée de flèches oblige l'ennemi à battre en retraite parmi les ruines. Quelques groupes de brigands ont survécu à la grêle mortelle et sont parvenus à atteindre la barricade. D'autres sont tués au moment où ils tentent de franchir la ligne de défense. Les plus hardis d'entre eux réussissent cependant à passer la barricade à proximité de l'endroit où vous vous trouvez. Soudain, un Guerrier à la carrure impressionnante, aux longs cheveux noirs et huileux noués derrière sa tête couturée de cicatrices, bondit sur le chariot et vous attaque. Il vous faut le combattre.

GUERRIER VASSAGONIEN	HABILETÉ : 18	ENDURANCE : 25

Vous pouvez prendre la fuite à tout moment en sautant du chariot. Rendez-vous pour cela au

66. Si vous remportez la victoire, rendez-vous au **243**.

187

En émergeant du tunnel sous le soleil du matin, vous vous débarrassez de votre Torche et vous faites signe à vos patrouilleurs de se rassembler autour de vous. Du détachement qui vous accompagnait au début de votre mission, il ne reste plus que quelques hommes et il vous faut être particulièrement prudent dans les décisions que vous prendrez désormais. A peine, cependant avez-vous commencé à leur parler, que vous êtes brusquement interrompu. Rendez-vous au **164**.

188

Vous donnez l'ordre à vos hommes de creuser des tombes pour y enterrer les deux corps puis vous retournez à l'abri du dôme de marbre. Vous avez faim et il vous faut à présent prendre un Repas sinon vous perdrez trois points d'ENDURANCE. Des sentinelles sont postées autour du temple en ruine et vous vous préparez à une nuit de sommeil dont vous avez grand besoin. Rendez-vous au **233**.

189

Vous essayez à grands coups de rames d'amener ce qui reste du bateau sur la rive opposée, mais, alors que vous plongez vos avirons dans la rivière, ils vous sont arrachés des mains. Horrifié vous voyez l'un de vos patrouilleurs emporté dans l'eau noire par un énorme tentacule gluant. Un instant plus tard, un autre tentacule fracasse le fond du bateau, avec une telle violence que l'embarcation est projetée en l'air. Vous retombez tête la première dans la rivière glacée. Utilisez la *Table de Hasard* pour obtenir un chiffre. Si vous tirez un chiffre de 0 à 4, rendez-vous au **234**. De 5 à 9 rendez-vous au **47**.

190

Vous sortez du tunnel furieux d'avoir pris du retard et vous poursuivez votre chemin le long de l'autre passage en marchant aussi vite que possible. Rendez-vous au **335**.

191

Vous arrivez bientôt à un croisement où le sentier aboutit à la grand-route. Vous apercevez alors un chariot calciné abandonné sur le bas-côté. Si vous souhaitez examiner ce chariot, rendez-vous au **337**. Si vous préférez ne pas y prêter attention, vous poursuivrez votre chemin le long de la grand-route en vous rendant au **297**.

192

Vous êtes à moins de deux mètres de la porte lorsqu'un brigand surgit soudain devant vous. Instinctivement, vous faites un écart mais vous n'êtes pas suffisamment rapide pour éviter le coup qu'il vous porte à l'aide de sa hallebarde. L'acier glacé s'enfonce dans votre poitrine et le sang ruisselle sur votre corps. Votre blessure est mortelle : vous rendez l'âme quelques instants plus tard. Votre mission s'achève ici en même temps que votre vie.

193

Les Chiens de Guerre hurlant et grognant bondissent sur la barricade leurs yeux grands

193 *Les Chiens de Guerre bondissent sur la barricade.*

ouverts lançant des éclats écarlates dans le feu de la bataille. Piétinant les corps des morts et des mourants, ils se ruent sur les défenseurs sommerlundais. Tout autour de vous, des soldats sont projetés à terre par les molosses impitoyables. Vous faites un pas en arrière au moment où un Chien hurlant renverse la barrière de sacs et de tonneaux. Mais avant qu'il n'ait pu vous atteindre, vous lui fracassez la tête avec votre arme. Un autre Chien de Guerre vous attaque par-derrière et vous jette contre la barricade effondrée. Avant que vous n'ayez pu vous dégager, deux autres molosses plantent leurs crocs dans votre jambe. Il vous faut à présent livrer un combat sans merci.

CHIENS DE GUERRE HABILETÉ : 17 ENDURANCE : 30

Si vous êtes toujours vivant après avoir mené deux Assauts, rendez-vous au **311**.

194

Vous êtes projeté dans l'eau glacée par le tentacule qui vous frappe en pleine poitrine. Vous refaites rapidement surface mais vous avez à peine le temps de respirer une bouffée d'air qu'un autre tentacule s'enroule autour de vos jambes et vous attire vers le fond. Utilisez la *Table de Hasard* pour obtenir un chiffre et notez ce chiffre dans la marge de votre *Feuille d'Aventure* (exceptionnellement 0 = 10). Ce chiffre représente le nombre d'Assauts que vous pourrez livrer sous l'eau avant de perdre des points d'ENDURANCE supplémentaires en raison du manque d'oxygène. Si vous possédez la Discipline Kaï de la Maîtrise Psychique de la Matière, vous ajouterez 2 au chiffre donné par la *Table*. Affrontez à présent ce Mégacalmar.

MÉGA-
CALMAR HABILETÉ : 16 ENDURANCE : 37

Vous engagerez ce combat à la manière habituelle. S'il comporte un nombre d'Assauts supérieur au chiffre que vous aurez tiré vous perdrez 2 points d'ENDURANCE en plus à chaque Assaut supplémentaire. C'est ce que vous coûte le manque d'oxygène. Si vous remportez la victoire, rendez-vous au **32**.

195

Quelqu'un déverrouille la porte qui, à en juger par le bruit, doit être fermée à l'aide d'une lourde barre de fer. Un homme d'aspect robuste, vêtu d'une tunique de cuir apparaît à l'entrée de la taverne. « Bienvenue dans ma modeste auberge, Seigneur Kaï, dit-il, pardonnez ma méfiance, mais la région est très dangereuse et la moindre erreur pourrait nous coûter la vie. » Vous faites signe à vos hommes d'emmener leurs chevaux à l'écurie et vous suivez le tenancier de la taverne. A l'intérieur, la salle ressemble davantage à une armurerie qu'à une auberge. Des carquois remplis d'arcs sont posés devant chaque fenêtre fermée par des volets cloutés de fer, et des lances sont alignées contre le mur du fond. Il n'y a dans la salle que trois hommes jeunes qui ont chacun un air de ressemblance très prononcé avec le tenancier. L'un de ces jeunes gens a la tête entourée de bandages. Vous demandez à l'homme qui vous a ouvert le prix qu'il vous en coûtera pour passer la nuit ici en compagnie de vos patrouilleurs. « Ce sera gratuit », répond-il à votre grande surprise. Il déplace alors les tables pour que vos soldats puissent s'installer sur le plancher. « Votre présence ici cette nuit a beaucoup plus de valeur pour nous que des Pièces d'Or. Nous subissons en effet des attaques incessantes de brigands depuis la dernière pleine lune. » Dès que le dernier de vos hommes est revenu des écuries, les portes sont à nouveau fermées et verrouillées. Il a commencé à pleuvoir et vos patrouilleurs semblent singulièrement soulagés de se trouver à l'abri, au chaud et au sec. Si vous souhaitez interroger le tenancier de la taverne, au sujet des attaques de brigands, rendez-vous au **239.** Si vous préférez lui demander s'il a eu des nouvelles en provenance de Ruanon, au cours du mois dernier, rendez-vous au **266.** Enfin, si vous n'estimez pas nécessaire de poser d'autres questions à cet homme, préparez-vous à une nuit de sommeil en vous rendant au **324.**

196

Un éclair déchire le ciel d'orage, illuminant les silhouettes des brigands qui se glissent dans les écuries. Accroupi sur le balcon, vous faites signe à vos hommes de se préparer. Vous sautez alors sur le toit de l'écurie mais les tuiles d'argile sont trop minces pour supporter votre poids et vous passez à travers, atterrissant dans une botte de foin. Par chance, vous êtes indemne et vous vous relevez aussitôt mais un brigand se tient devant vous à moins d'un mètre, son épée brandie, prête à s'abattre sur votre tête. Il faut vous défendre contre ce Guerrier Pillard.

GUERRIER PILLARD	HABILETÉ : 16	ENDURANCE : 23

Il vous est impossible de prendre la fuite et vous devrez donc affronter votre adversaire jusqu'à la mort de l'un de vous deux. Si vous êtes vainqueur, rendez-vous au **217**.

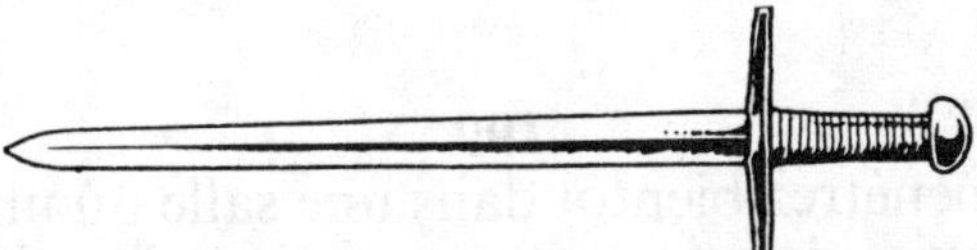

197

Vous lancez une pierre dans le tunnel pour attirer l'attention des Gardes. Votre tactique réussit : quelques secondes plus tard, vous entendez des pas s'approcher et vous vous lancez à l'attaque. Vos hommes surgissant de l'obscurité n'ont aucun mal à maîtriser leurs adversaires qu'ils désarment avant de leur lier les mains. Les Gardes sont ensuite ramenés dans la salle où se trouve le puits de mine. Si vous souhaitez fouiller ces hommes, rendez-vous au **268.** Si vous préférez les interroger d'abord, rendez-vous au **76.** Enfin, si vous estimez plus opportun de les abandonner là et de poursuivre votre chemin, rendez-vous au **64.**

198

Les Gardes ne se laissent pas prendre à votre stratagème. Ils tirent aussitôt leur épée et se lancent à l'attaque. Il vous faut les combattre en les considérant comme un seul et même ennemi.

GARDES DE
LA CRYPTE HABILETÉ : 18 ENDURANCE : 30

Si vous êtes vainqueur, rendez-vous au **229.**

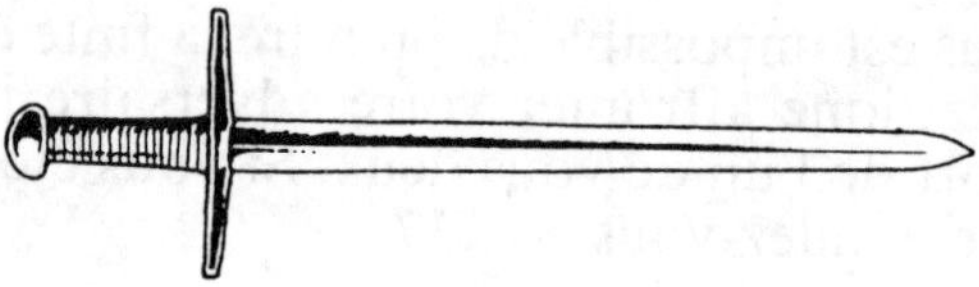

199

Vous pénétrez bientôt dans une salle où un profond puits de mine est creusé dans le sol. Une passerelle de bois permet de le franchir, mais elle est gardée par un Guerrier. Les cris de vos poursuivants l'ont alerté et dès qu'il vous voit il se précipite vers une corde qui pend du plafond, laissant ainsi l'accès au pont entièrement libre. Les autres Gardes vous ont presque rattrapé. Si vous souhaitez franchir le pont en courant, rendez-vous au **271.** Si vous préférez attaquer le Garde pour l'empêcher d'atteindre la corde, rendez-vous au **56.**

200

La forêt grouille de brigands, mais vos réflexes sont prompts et votre habileté de Seigneur Kaï vous permet de n'être pas repéré. Vous arrivez enfin de l'autre côté de la forêt touffue. Au-delà, s'étendent des plaines dépourvues d'arbres qu'il faut traverser pour atteindre Ruanon. Le spectacle qui s'offre à vos yeux est singulièrement inquiétant. Une grande partie de la ville minière a été en effet incendiée. Les boutiques, les maisons, les tavernes qui s'alignaient le long des rues ne sont plus que des tas de cendres fumantes. Vous craignez alors que Ruanon n'ait été entièrement détruite. Une faible brise, cependant, dissipe bientôt les nuages de fumée qui masquent les ruines comme des rideaux gris, et vous apercevez une barricade dressée autour d'une tour de pierre. Une bannière en lambeaux flotte au sommet de la tour et une lueur d'espoir s'allume aussitôt en vous. Il s'agit là, en effet, du drapeau du Sommerlund. L'habituel soleil qui symbolise votre pays est ici bordé d'une soutache blanche indiquant que ce drapeau appartient à un régiment de la cavalerie royale. Soudain, un craquement retentit derrière vous. Vous faites aussitôt volte-face et vous apercevez trois brigands qui s'avancent dans votre direction. La pointe d'acier de leurs lances scintille. On dirait que ces armes ont été trempées dans un liquide clair et gluant. Si vous maîtrisez la Discipline Kaï de la Chasse ou s'il vous est déjà arrivé de visiter Crique-en-Gorn, rendez-vous au **45.** Si vous souhaitez affronter les brigands, rendez-vous au **133.** Si vous préférez prendre la fuite, vous devrez traverser la plaine en courant pour essayer d'atteindre Ruanon qui se trouve à

800 mètres de distance. Rendez-vous pour cela au **307.**

201

Les champignons sont mous, secs et leur goût est détestable. Ils se transforment dans votre bouche en une poudre sèche qui absorbe toute votre salive. Vous êtes pris de haut-le-cœur, vous toussez et une nausée vous saisit. Gagné par la panique, vous vous hâtez de recracher les champignons, puis. vous poursuivez votre chemin le long du tunnel. Rendez-vous au **65.**

202

Vous allez devoir affronter un par un ces six Gardes lourdement armés.

	HABILETÉ	ENDURANCE
1er GARDE	18	23
2ème GARDE	15	24
3ème GARDE	15	21
4ème GARDE	16	25
5ème GARDE	14	24
6ème GARDE	14	22

Vous pouvez fuir ce combat à tout moment en sautant du pont. Rendez-vous pour cela au **342.** Si vous remportez la victoire, rendez-vous au **237.**

203

Tandis que le Garde tombe mort à vos pieds, trois de vos poursuivants font leur apparition. Ils sont vêtus de lourdes armures et chacun d'eux est armé d'une hallebarde à l'aspect particulièrement redoutable. Si vous souhaitez engager le combat, rendez-vous au **108.** Si vous préférez vous enfuir en franchissant le pont, rendez-vous au **271.**

204

Vous contournez un village aux maisonnettes de bois orange et vous traversez les champs en direction d'une éminence boisée. Au-delà de ce monticule, vous pénétrez dans une forêt dense et vous découvrez bientôt un ruisseau d'eau fraîche et bouillonnante. Vous vous désaltérez longuement et vous vous rendez compte alors que vous êtes affamé. Il vous faut prendre immédiatement un Repas sinon vous perdrez 3 points d'ENDURANCE. A la nuit tombée, vous parvenez dans la ville de Maaken. Les ruines sinistres et envahies de mauvaises herbes de cette cité fantôme s'étendent comme un vaste cimetière baigné de la clarté lugubre d'une lune bientôt pleine. Un long gémissement retentit comme la plainte d'âmes errantes et désespérées : c'est le cri des gorges de Maaken. Vous n'avez pas dormi depuis presque deux jours et la fatigue vous submerge. Ramenant votre cape de Guerrier Kaï autour de vos épaules, vous vous allongez donc pour prendre quelques heures de repos. Vous aurez besoin, en effet, de toutes vos forces pour mener à bien la tâche terrifiante qui vous attend. Rendez-vous au **142.**

205

Sous le choc, la porte ovale s'ouvre à la volée et un nuage de poussière jaillit de la masure. « Je suis seul, dit une voix, vous n'avez rien à craindre. » La main serrée sur votre arme, vous pénétrez alors dans la maison. Rendez-vous au **84.**

206

Tandis que les premières lueurs de l'aube éclairent l'horizon, vous scrutez la grand-route enveloppée de brume en essayant de repérer le moindre mouvement. Aucun de vos six éclaireurs n'est encore revenu et les quatre hommes qui vous restent sont aussi inquiets que vous. Votre marge de manœuvre est limitée : des hordes de brigands patrouillent en effet au nord, à l'ouest se dressent des montagnes hostiles et, à l'est, la ville la plus proche se trouve à deux jours de cheval. Si vous souhaitez pénétrer dans la vallée en suivant la grand-route, rendez-vous au **82.** Si vous préférez descendre dans cette vallée en restant à couvert des arbres de la forêt, rendez-vous au **226.**

207

Vous saisissez une flèche dans un carquois accroché au mur et vous tendez votre arc de toutes vos forces. Un des brigands à cheval galope dans la plaine en brandissant un javelot. Il vise un soldat blessé du Sommerlund qui est tombé de la barricade et reste étendu là, incapable de se défendre. Le brigand s'apprête à lancer son javelot lorsque vous tirez votre flèche. Utilisez la *Table de Hasard* pour obtenir un chiffre. Si vous possédez la Discipline Kaï de la Maîtrise des Armes (quelle que soit l'arme dont il s'agit) vous ajouterez 2 au chiffre que vous aurez tiré. Si vous obtenez un total de 0 à 4, rendez-vous au **336**. De 5 à 11, rendez-vous au **218**.

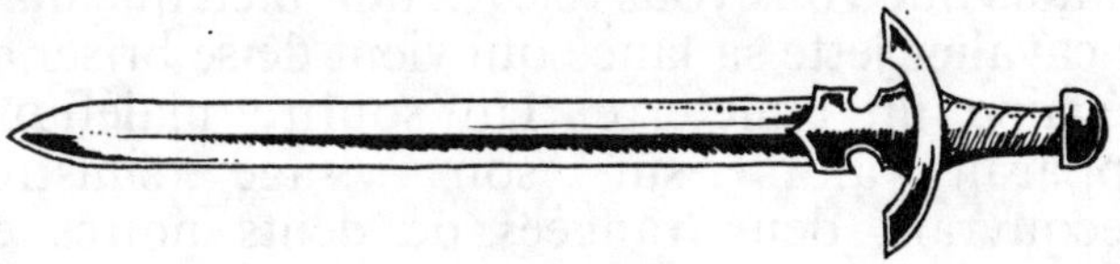

208

Vous parcourez une vingtaine de mètres en courant et vous arrivez soudain devant une paroi verticale. Ce souterrain n'a été creusé que récemment et vous êtes dans un cul-de-sac. Entendant le bruit des pas de vos poursuivants, vous faites aussitôt volte-face. Votre seule chance de survie, désormais, consiste à combattre les Gardes pour essayer de vous enfuir de ce piège. Vous retournerez ensuite au croisement et vous prendrez le tunnel de gauche. Mais vous n'aurez le droit de poursuivre votre chemin qu'après avoir tué vos trois adversaires.

	HABILETÉ	ENDURANCE
Premier GARDE DES TUNNELS	15	25
Deuxième GARDE	15	24
Troisième GARDE	14	22

Si vous remportez la victoire, rendez-vous au **199**.

209

D'un coup de lance, votre adversaire vous a projeté en arrière et vous tombez sur le dos. Tandis que vous vous relevez tant bien que mal, le cavalier jette sa lance qui vient de se briser et dégaine un cimeterre. Un sourire maléfique apparaît alors sur son visage sinistre, découvrant deux rangées de dents noires et pointues. Il laisse échapper un cri de guerre puis lance son cheval sur vous. Si vous avez atteint le rang Kaï d'Aspirant (ou un rang supérieur) rendez-vous au **111**. Dans le cas contraire rendez-vous au **43**.

210

Cette ville vous inspire un sentiment de malaise. Jusqu'à présent, vous n'avez vu marcher dans la rue que des femmes et des enfants traînant les pieds. A aucun moment la silhouette d'un homme n'est apparue. Les habitants semblent

209 *Il lance un cri de guerre, puis arrive sur vous au galop.*

nerveux et évitent votre regard. Votre instinct de Guerrier Kaï vous incite à quitter les lieux le plus vite possible. Si vous souhaitez obéir à cet instinct, rendez-vous au **67**. Si vous préférez ne pas en tenir compte, vous pouvez entrer dans la taverne en vous rendant au **132**. Enfin, il vous est également possible de poursuivre votre chemin le long de la rue. Rendez-vous pour cela au **301**.

211

Votre stratagème a porté ses fruits. Négligeant en effet votre petit groupe de cavaliers, les brigands poursuivent les autres patrouilleurs en direction de l'ouest. Lorsqu'ils auront atteint les contreforts boisés des monts Durncrag, vos hommes n'auront aucune difficulté à fuir l'ennemi en se dissimulant dans la végétation touffue. Dès que les brigands sont hors de vue, vous faites halte et vous accordez à vos hommes quelques moments de repos. Bien qu'ils ne soient plus qu'en petit nombre, vos hommes sont impatients de poursuivre leur mission. Utilisez la *Table de Hasard* pour obtenir un chiffre. Si vous tirez un chiffre de 0 à 4, rendez-vous au **51**. De 5 à 9, rendez-vous au **120**.

212

Une odeur d'humidité et de pourriture baigne le puits de mine. Vous ordonnez à l'un de vos hommes de monter à l'échelle pour vérifier qu'elle est toujours solide. Le patrouilleur atteint bientôt le niveau supérieur et vous fait signe de le suivre. Vous vous retrouvez alors dans un tunnel qui mène à une petite salle de forme ovale creusée grossièrement dans la roche. Un étrange liquide gluant brille sur le sol. Si vous maîtrisez la Discipline Kaï de la Communication Animale, rendez-vous au **41**. Sinon, vous devrez chercher une issue à cette salle en vous rendant au **276**.

213

Une fouille systématique vous permet de trouver les objets suivants :

- 1 Pioche
- 1 Pelle
- 1 Hache
- 1 Torche
- 1 Briquet à Amadou
- 1 Sablier

Si vous souhaitez conserver un ou plusieurs de ces objets, notez-les sur votre *Feuille d'Aventure* (la Pioche et la Pelle comptent chacune pour deux objets). Tous ces objets, si vous les prenez, doivent être inscrits dans la case Sac à Dos. Après avoir vérifié qu'il n'y a rien d'autre à découvrir dans le hangar, vous ordonnez à vos hommes de mettre à l'eau le bateau à rames. Rendez-vous au **180**.

214

Tandis que vous avancez dans le tunnel, un courant d'air humide et froid vous frappe le visage. Les parois rocheuses sont sillonnées de couches de minerai qui reflètent la lueur de votre Torche en de multiples couleurs étincelantes. Vous commencez à ressentir les effets de la fatigue. En outre, les lumières dansantes qui vous entourent ont distrait votre attention. De ce fait, vous n'avez pas remarqué que vous étiez en train de marcher sur des champignons. Soudain, un nuage de spores roses s'élève. Aveuglé et à moitié suffoqué, il vous faut prendre une décision rapide pour fuir cet endroit. Si vous souhaitez courir le long du tunnel, rendez-vous au **46**. Si vous préférez rebrousser chemin jusqu'à la salle que vous venez de quitter, afin de prendre le tunnel orienté au sud, rendez-vous au **117**.

215

Une odeur de mort et de décomposition flotte autour de Barraka. Chaussé de bottes qui lui montent jusqu'aux genoux, un long cimeterre accroché à sa ceinture, il pénètre dans le temple en claquant derrière lui une lourde porte de pierre, d'un geste désinvolte révélant une force hors du commun. Il reste un instant immobile puis ouvre les deux grandes portes noires gravées de têtes de morts. Soudain, une violente rafale de vent s'engouffre dans le temple et un terrible hurlement retentit à vos oreilles. Derrière les portes ouvertes, un surplomb rocheux projette sa silhouette dans l'abîme des gorges de Maaken : vous êtes en train de contempler le gouffre maudit. Barraka se détourne des portes et marche lentement vers l'autel. D'un fourreau caché sous ses vêtements, il tire alors un poignard noir à la lame ondulée. Il le brandit dans la lumière et une flamme bleue jaillit aussitôt le long de la lame d'acier. Les vents glacés des gorges de Maaken font vaciller la flamme maléfique. Le sacrifice est sur le point de s'accomplir. Si vous souhaitez attaquer Barraka, rendez-vous au **296**. Si vous préférez distraire son attention sans l'attaquer, rendez-vous au **119**.

216

On ne peut plus faire grand-chose pour aider le patrouilleur blessé. Des tentacules entourent à présent le bateau de tous côtés et vous risquez à tout moment d'être précipités dans l'eau. Si vous souhaitez venir en aide à l'autre patrouilleur qu'un tentacule enroulé autour de son pied essaye d'attirer dans la rivière, rendez-vous au **304**. Si vous préférez empoigner les rames et tenter d'amener le bateau jusqu'à la rive opposée, rendez-vous au **189**.

217

Un cri d'enthousiasme de vos hommes salue votre victoire. Ils sautent aussitôt dans l'écurie pour vous rejoindre. Une violente bataille s'ensuit, mais bientôt les brigands sont repoussés et s'enfuient dans la nuit orageuse. Rendez-vous au **345**.

218

La flèche atteint le brigand sous son bras levé. L'homme pousse un hurlement et tombe en arrière, s'empalant sur son propre javelot. Vous vous apprêtez à tirer une nouvelle flèche, lorsqu'une forme noire et menaçante apparaît soudain dans le ciel. Elle descend alors vers la tour et se pose à son sommet. Vous jetez votre arc à terre et vous dégainez votre arme en montant l'escalier quatre à quatre, pour aller voir de quoi il retourne. Rendez-vous au **223**.

219

Il vous faut une demi-heure pour reprendre vos esprits et localiser l'endroit où vous vous trouvez à présent. Vous vous apercevez bientôt que vous êtes au pied d'un énorme crassier qui émerge de la rivière souterraine. A moins de six mètres de son sommet, une faible lueur éclaire un long tunnel de pierre qui sert de plan incliné. Il vous est possible d'y grimper bien que cette escalade soit difficile et périlleuse. Il vous faut une heure d'efforts pour arriver enfin au sommet du crassier. Vous pénétrez alors dans le petit tunnel désert où vous trouvez un chariot de mine près de l'entrée. Si vous souhaitez examiner ce chariot, rendez-vous au **167**. Si vous préférez ne pas y prêter attention, vous monterez la pente escarpée de ce tunnel en vous rendant au **185**.

220

Votre coup a désarçonné le brigand qui tombe lourdement sur le sol en brisant sa lance dans sa chute. Il se remet sur pied avec difficulté puis, relevant la visière de son heaume, il vous regarde avec un sourire sardonique qui découvre deux rangées de dents noires et pointues. Il laisse alors échapper son cri de guerre et se précipite sur vous en dégainant un cimeterre. Si vous souhaitez combattre ce guerrier, rendez-vous au **90**. Si vous préférez prendre la fuite, rendez-vous au **163**.

221

Vous arrivez bientôt dans une salle séparée en deux par un large gouffre. Il régne ici un silence mortel et le moindre bruit résonne en écho contre les murs de pierre grise, comme un éclat de cymbales. Un pont en maçonnerie enjambe le gouffre et mène à deux portes massives également en pierre. Vous vous engagez sur le pont et, quelques instants plus tard, vous entendez un grondement assourdissant. Les portes sont en train de s'ouvrir. Si vous souhaitez dégainer votre arme et vous préparer à combattre, rendez-vous au **50**. Si vous préférez fuir ce pont, rebrousser chemin le long du tunnel et descendre l'escalier, rendez-vous au **228**. Enfin, si vous voulez prendre le risque de sauter par-dessus le parapet du pont, dans les profondeurs inconnues du gouffre, rendez-vous au **342**.

222

Dans l'intérieur douillet de la roulotte éclairée par des chandelles, vous trouvez l'acteur refugié sous une couverture. Vous écartez la couverture et vous demandez à l'homme paralysé par la peur, de vous expliquer où il a trouvé cette arme. « Je... je l'ai achetée à Eshnar, balbutie-t-il, le regard terrorisé. C'est le tenancier de la taverne du Pic et de la Pioche qui me l'a vendue. » Il saisit l'épée par la lame et vous la tend. « Si c'est votre épée que j'ai achetée sans le savoir, j'en suis sincèrement désolé. Tenez, prenez-la. » Vous empoignez le pommeau de cuivre et vous examinez l'arme avec attention. Aucun doute : il s'agit bien d'une épée de la cavalerie du Sommerlund. Elle porte même sur sa lame une inscription qui vous fait sursauter : « Capitaine Rinir Gayal, régiment de la Garde du Roi. » Si vous souhaitez conserver cette Épée, inscrivez-la sur votre *Feuille d'Aventure* dans la case Armes. Rendez-vous au **165.**

223

Vous repoussez la trappe qui donne accès au sommet de la tour et vous vous hissez au-dehors. Un spectacle navrant s'offre alors à vos yeux. Des cadavres de soldats du Sommerlund sont en effet étendus çà et là, leurs armures tordues et fracassées. Tous ont été cruellement blessés. Un oiseau monstrueux tournoie au-dessus des cadavres. Ses ailes agitent la fumée répandue dans l'atmosphère et, de ses serres tranchantes comme des rasoirs, il déchire et mutile quiconque se trouve à sa portée. Un Guerrier vêtu d'une armure d'acier est assis à califourchon sur la créature et brandit un cimeterre taché du sang de vos compatriotes. Il glisse alors de sa selle incrustée de pierreries et se laisse tomber au sommet de la tour. Une voix résonne dans votre tête lorsque le Guerrier s'approche de vous : « Dis tes prières, homme du Sommerlund, murmure la voix, car ta fin est proche. » Si vous souhaitez combattre ce Guerrier, rendez-vous au **77.** Si vous préférez essayer de fuir le combat, rendez-vous au **128.**

224

Vous entendez derrière vous le souffle rauque des Gardes. Soudain le tunnel se rétrécit et bifurque. Si vous souhaitez emprunter le pas-

223 *Un guerrier vêtu d'une armure d'acier est assis à califourchon sur la créature.*

sage de gauche, rendez-vous au **199.** Si vous préférez prendre celui de droite, rendez-vous au **208.** Enfin, si vous maîtrisez les Disciplines Kaï de l'Orientation ou du Sixième Sens, rendez-vous au **60.**

225

Vous essayez de ne pas prêter attention aux douleurs que vous ressentez dans les jambes, ni à la peur qui vous noue l'estomac, et vous vous concentrez sur le drapeau du Sommerlund qui flotte au loin comme un ultime symbole d'espoir. Votre visage ruisselle de sueur et vous avez l'impression que vos poumons vont éclater. Vous ne ralentissez pas l'allure cependant. La pensée des Chiens de Guerre qui vous poursuivent pour vous dévorer suffit à vous stimuler. Vous n'êtes plus qu'à 400 mètres de la barricade et de la tour de guet. A cette distance, les visages que vous distinguez ne semblent que de petits points roses qui se détachent contre les murs. A 300 mètres de la barricade, le sol est jonché de cadavres de brigands dont la plupart ont été tués par des flèches. Nombre d'entre eux sont restés là pendant des semaines et une nuée de corbeaux croassant s'envole à votre approche. Saisi de dégoût, vous détournez la tête. Tout à coup, les échos de cris enthousiastes retentissent dans la plaine. Les soldats assiégés vous ont repéré et ont reconnu votre cape verte de Seigneur Kaï. Il ne vous reste plus que 200 mètres à parcourir. Vous venez de passer devant les ruines d'une maison incendiée lorsqu'une douleur intense vous déchire soudain la jambe. Une flèche vient de vous atteindre à la cuisse et vous tombez tête la première sur le sol boueux recouvert de cendres. Tapi dans les ruines de la maison, un brigand tend son arc et vise votre tête. Utilisez la *Table de hasard* pour obtenir un chiffre. Si vous tirez un chiffre de 1 à 5, rendez-vous au **20.** De 6 à 9, rendez-vous au **300.** Enfin, si vous tirez le 0, rendez-vous au **181.**

226

La forêt de Ruanon est un enchevêtrement d'arbres aux troncs gris, de toutes formes et de toutes tailles. Il vous est très difficile de traverser cette végétation touffue et baignée de brume à dos de cheval ; vous êtes donc bientôt contraints de mettre pied à terre et de mener vos montures par la bride. Si vous souhaitez continuer à progresser lentement à travers la forêt, rendez-vous au **21.** Si vous préférez abandonner cette végétation touffue pour revenir sur la grande-route, rendez-vous au **82.**

227

Ces oiseaux sont des corbeaux, communs dans le Pays Sauvage où ils se nourrissent de charognes. Lorsqu'une créature meurt, on peut être sûr de voir apparaître bientôt sur son cadavre ces répugnants nécrophages. Si vous souhaitez examiner de plus près les corps qu'ils sont en train de dévorer, rendez-vous au **328.** Si vous préférez ne pas y prêter attention et poursuivre votre chemin, rendez-vous au **120.**

228

L'escalier mène à un niveau inférieur où un tunnel est orienté au sud. Vous suivez ce nouveau souterrain pendant presque un kilomètre et demi, et vous arrivez alors dans une grande salle. D'énormes tonneaux sont alignés contre le mur ouest et vous apercevez dans le mur du fond une porte aménagée sous un large escalier. Si vous souhaitez traverser cette salle en direction de la porte, rendez-vous au **23.** Si vous préférez emprunter l'escalier, rendez-vous au **105.**

229

Vous cachez les cadavres des Gardes sous les buissons d'épines et vous franchissez la porte de la crypte. Une fois à l'intérieur vous refermez la porte derrière vous et vous suivez un large couloir éclairé par des Torches et orienté à l'est. Rendez-vous au **235.**

230

En fouillant les cadavres, vous trouvez les objets suivants :

- 1 Epée
- 1 Poignard
- 9 Pièces d'Or
- des vivres équivalents à deux Repas

Vous pouvez prendre un ou plusieurs de ces objets, sans oublier de les noter sur votre *Feuille d'Aventure*. Vous entendez alors des bruits de pas étouffés et vous jetez un coup d'œil inquiet dans le tunnel. Deux Gardes essaient de s'approcher de vous en se dissimulant parmi les ombres. Vous parvenez cependant à vous enfuir avant qu'ils ne puissent vous attaquer. Rendez-vous au **224.**

231

Votre attaque est fulgurante et mortelle. Le Garde meurt avant même de s'être effondré sur le sol. En fouillant son cadavre vous trouvez les objets suivants :

- 3 Pièces d'Or
- 1 Epée
- des provisions équivalentes à un Repas

Vous pouvez prendre un ou plusieurs de ces objets avant de traverser le pont. N'oubliez pas de les noter sur votre *Feuille d'Aventure*. Lorsque vous arrivez de l'autre côté du pont, vous entendez des bruits de pas lointains et précipités. Il vous semble préférable de ne pas vous attarder plus longtemps et vous pénétrez aussitôt dans le tunnel orienté à l'ouest. Rendez-vous au **348.**

232

Vous remontez la berge de la rivière en direction du pont de Ruanon en prenant soin de vous dissimuler aux yeux des brigands à cheval qui, à présent, montent la garde devant le pont lui-même. Une centaine de mètres plus loin vous découvrez un sentier étroit qui mène à un hangar à bateaux passablement délabré. Si vous pouviez y trouver une embarcation, il vous serait possible de traverser la rivière sans difficulté. Si vous souhaitez inspecter le hangar à bateaux, rendez-vous au **68.** Si vous préférez poursuivre votre chemin en cherchant un autre moyen de traverser la rivière, rendez-vous au **130.**

233

Vous êtes réveillé par des cris inquiets : « Debout ! Debout ! On nous attaque ! » s'exclame la sentinelle. Rejetant aussitôt leurs couvertures vos hommes se lèvent d'un bond, scrutant à travers le rideau de pluie les ruines parmi lesquelles apparaissent des silhouettes de cavaliers. Soudain, une flèche siffle dans l'obscurité. La sentinelle pousse un cri et s'effondre. Vous donnez aussitôt vos ordres : « Formez un cercle ! Restez à couvert ! » Les patrouilleurs rassemblent épées et boucliers et s'abritent sous le dôme de marbre. Des bruits de pas produits par des bottes aux semelles ferrées résonnent alors sur le sol de pierre. Vous faites volte-face. Une douzaine de Guerriers vêtus d'armures d'un rouge étincelant avancent parmi les colonnes en ruine. Deux patrouilleurs se précipitent à leur rencontre mais ils tombent sous les coups du chef ennemi qui les transperce de son glaive. Le Guerrier vous aperçoit alors et hâte le pas, brandissant sa lame ensanglantée pour frapper à nouveau. Il vous est impossible de prendre la fuite et vous devrez combattre cet adversaire jusqu'à la mort de l'un de vous deux.

GUERRIER
PILLARD HABILETÉ : 17 ENDURANCE : 26

Si vous êtes vainqueur, rendez-vous au **312.**

234

Vous avez à peine eu le temps de respirer une bouffée d'air, qu'un tentacule s'enroule autour de vos jambes et vous attire vers le fond. Utilisez la *Table de Hasard* pour obtenir un chiffre et notez ce chiffre dans la marge de votre *Feuille d'Aventure* (exceptionnellement 0 = 10). Ce chiffre représente le nombre d'Assauts que vous pourrez livrer sous l'eau avant de perdre des points d'ENDURANCE supplémentaires en raison du manque d'oxygène. Si vous possédez la Discipline Kaï de la Maîtrise Psychique de la Matière, vous ajouterez 2 au chiffre que vous aurez tiré. Engagez à présent le combat avec le Mégacalmar.

MÉGA-
CALMAR HABILETÉ : 16 ENDURANCE : 37

Vous mènerez ce combat à la manière habituelle. Mais s'il dure au-delà du nombre d'Assauts correspondant au chiffre que vous aurez tiré, vous perdrez deux points d'ENDURANCE en plus à chaque Assaut supplémentaire. C'est le prix que vous coûte le manque d'oxygène. Si vous remportez la victoire, rendez-vous au **32.**

235

Le souterrain aboutit à un escalier qui s'enfonce à une trentaine de mètres de profondeur. Au bas des marches, un petit couloir mène à un croisement où vous découvrez un tunnel orienté nord-sud. En direction du nord, vous apercevez une caverne éclairée par des Torches. Des meurtrières sont aménagées dans ses parois. Au sud, le tunnel aboutit à une sorte de balcon. Si vous souhaitez explorer la caverne, rendez-vous au **177.** Si vous préférez vous diriger vers le balcon, rendez-vous au **100.**

236

Vous vous approchez des écuries et vous entendez à ce moment une voix étouffée. Soudain, la porte s'ouvre à la volée pour livrer passage à deux Guerriers Pillards qui tendent leurs arcs. Des flèches sifflent aussitôt et des patrouilleurs tombent de leurs chevaux. Dégainant votre arme, vous vous précipitez sur les attaquants, mais d'autres brigands surgissent de tous côtés et vos hommes sont pris sous un feu croisé particulièrement meurtrier. La rapidité de votre action a cependant semé la panique auprès des deux archers. Ils font volte-face pour s'enfuir, mais vous les abattez avant qu'ils n'aient pu disparaître. Un Guerrier à la peau sombre, aux cheveux noirs et huileux, apparaît alors à une fenêtre. Il fait un geste de la main et un couteau s'enfonce dans votre bras. Vous perdez 4 points d'ENDURANCE. Serrant les dents, vous arrachez le poignard que vous lancez à votre tour en direction de votre agresseur. L'homme est tué sur le coup. La main crispée sur votre bras blessé, vous traversez les écuries en chancelant et vous vous échappez par la porte de derrière. Devant vous s'étend un terrain escarpé envahi d'une végétation touffue. Si vous souhaitez vous enfuir en courant tout droit dans cette forêt, rendez-vous au **123.** Si vous préférez changer de direction dès que vous serez à couvert des arbres, rendez-vous au **169.**

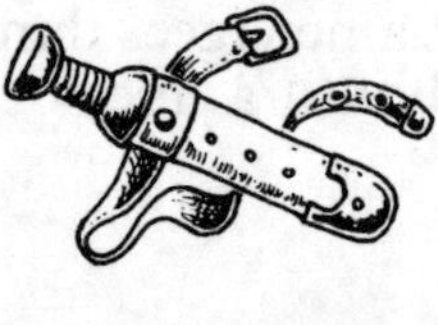

237

Les cadavres de vos ennemis sont allongés pêle-mêle à vos pieds. Vous courez alors vers les portes de pierre ouvertes, soucieux de quitter les lieux avant que le massacre ne soit découvert. Au-delà des portes, une rampe descend en pente douce en direction d'un tunnel qui s'ouvre dans le mur ouest. Rendez-vous au **348.**

238

Posant vos mains sur la poitrine de l'homme blessé, vous faites usage de vos pouvoirs de Guérison, pour chasser la douleur avant d'enlever la flèche. L'homme a eu de la chance, le projectile n'a pas atteint d'organe vital. En quelques secondes, vous guérissez la plaie, grâce à votre Discipline Kaï et vous aidez l'homme à se relever. Ce dernier vous contemple bouche bée, l'air stupéfait. Vous vous tournez alors vers l'escalier dont vous montez les marches en direction du sommet de la tour. Rendez-vous au **223.**

239

« Il ne s'agit pas là de brigands ordinaires, vous répond le tenancier de la taverne. Ils appartiennent en fait à une armée privée. Leur chef est un aristocrate renégat de Vassagonie du nom de Barraka. Ses hommes, cependant, l'appellent le Tueur du Destin. Après avoir lancé leur première attaque, nous pensions que les brigands nous laisseraient tranquilles. Après tout, cette province n'est pas riche, même lorsque des convois en provenance des mines la traversent. Pourtant, le Tueur du Destin et ses hommes sont restés. On dirait... on dirait qu'ils ont décidé de nous tuer à tout prix. » Cette nuit-là, les trois jeunes gens, qui sont en fait les fils du tenancier, prennent des tours de garde, postés derrière les meurtrières aménagées dans les murs. Vos hommes et vous pourrez ainsi dormir pendant quelques heures. Rendez-vous au **324.**

240

La rivière poursuit son cours en direction du sud sur plus de 15 kilomètres. Vous traversez plusieurs grottes, mais les berges rocheuses sont trop escarpées pour que vous puissiez aborder. Alors que vous ramez le long d'un tunnel particulièrement large, vous vous rendez compte soudain que le bateau avance de plus en plus vite. Au loin, vous entendez le faible grondement d'une eau bouillonnante. Le bruit augmente peu à peu d'intensité, et bientôt, c'est un véritable vacarme qui retentit dans le tunnel. Vous vous préparez à traverser de forts remous, mais vous ne vous attendiez pas au spectacle qui s'offre soudain à vos yeux. A moins de 15 mètres en effet, la rivière disparaît dans les profondeurs d'une immense chute d'eau. Vos hommes tentent désespérément de ramer contre le courant pour essayer d'atteindre une paroi du tunnel. Leurs efforts restent vains cependant et le bateau est emporté jusqu'à la chute d'eau. Utilisez la *Table de Hasard* pour obtenir un chiffre. Si vous tirez un chiffre de 0 à 4, rendez-vous au **94.** De 5 à 9, rendez-vous au **158.**

241

Le plafond de la grotte est si bas que vous êtes contraints de vous accroupir au fond du bateau pour éviter de vous cogner la tête. Pendant presque une heure, l'embarcation est emportée dans un labyrinthe de cours d'eau souterrains. Soudain, le bateau s'immobilise. Vous vous êtes échoués sur une rive de galets, dans un tunnel beaucoup plus haut que tous ceux traversés jusqu'à présent. Au sud, la rivière continue, s'enfonçant dans une paroi rocheuse à travers une arcade ; à l'est vous apercevez une autre rive de galets ainsi qu'un nouveau tunnel, mais au sol ferme, cette fois-ci. Si vous souhaitez ramer en direction de cette autre rive, puis abandonner le bateau et continuer à pied le long du tunnel, rendez-vous au **309.** Si vous préférez poursuivre votre chemin le long de la rivière, rendez-vous au **115.**

242

Vous vous jetez de côté pour éviter le disque mortel, mais vos reflexes n'ont pas été suffisamment rapides pour vous sauver. L'arme tranchante comme un rasoir s'enfonce dans votre gorge en vous projetant en arrière sous la force du choc. Votre mission s'achève ici en même temps que votre vie.

243

Le capitaine Gayal passe devant le chariot à la tête d'une douzaine de ses meilleurs soldats et lance une contre-offensive qui repousse l'ennemi jusqu'à la barricade. Il n'y a pas de survivants chez vos adversaires. Ceux qui ont réussi à échapper aux soldats du capitaine sont en effet abattus par les archers, tandis qu'ils s'enfuient dans la plaine pour tenter vainement de se réfugier parmi les ruines. Un cri de victoire s'élève sur le champ de bataille, mais à peine ses derniers échos se sont-ils envolés qu'un nouveau danger vous menace. Rendez-vous au **124.**

244

Vous passez derrière les Gardes et vous pénétrez dans le tunnel sans avoir été repéré. Le souterrain est large et éclairé par des Torches fixées le long des murs. Leurs flammes penchées vacillent en crépitant avec bruit. Vous arrivez bientôt à un croisement où le tunnel se rétrécit avant de se séparer en deux. Si vous maîtrisez les Disciplines Kaï du Sixième Sens ou de l'Orientation, rendez-vous au **250.** Dans le cas contraire, vous pouvez prendre le passage de gauche en vous rendant au **335.** Si vous préférez emprunter le passage de droite, rendez-vous au **11.**

245

Deux coups bien ajustés suffisent à abattre les Elix. Le patrouilleur s'est effondré sur le sol ; il a perdu beaucoup de sang et s'est presque évanoui. Son pied gauche est à demi sectionné à hauteur de la cheville. De toute évidence, il n'a plus que quelques minutes à vivre et vous ne pouvez rien faire pour l'aider. L'autre patrouilleur étant déjà mort, vous êtes seul désormais. Si vous souhaitez à présent vous enfuir en montant l'escalier, rendez-vous au **346.** Si vous préférez quitter les lieux en descendant l'escalier, rendez-vous au **83.**

246

Vous avancez avec précaution dans l'obscurité en prenant soin de tâter le sol devant vous à l'aide de votre arme. Vous ignorez alors que deux yeux observent chacun de vos mouvements. Dans les ténèbres se cache en effet une créature satanique. Il s'agit d'un Démoniak, un vampire assoiffé de sang. Son attaque rapide et silencieuse est indolore, bien que redoutable. Avant de vous être aperçu que ce parasite s'est accroché dans votre dos, vous avez déjà perdu huit points d'ENDURANCE. Si vous êtes toujours vivant et que vous possédiez le Glaive de Sommer, rendez-vous au **34.** Si vous êtes toujours vivant mais que vous ne disposiez pas de cette arme, rendez-vous au **85.**

247

Vos hommes semblent déçus par votre décision. Mais vous êtes leur chef et ce sont des soldats d'élite du Sommerlund. Ils obéissent donc sans discuter et sans manifester le moindre signe de mécontentement. Tandis que vous avancez en direction du sud, l'obscurité de la nuit enveloppe bientôt la grand-route et vous êtes contraints de vous arrêter et de dresser le camp sur le bas-côté. Les hommes rassemblent du bois pour faire du feu et une sentinelle reçoit pour mission de surveiller les chevaux. Vous avez faim, il vous faut donc prendre un Repas, sinon vous perdrez trois points d'ENDURANCE. La nuit se passe sans incident ; à l'aube vous levez le camp et vous poursuivez votre chemin à travers la Contrée des Pillards. Utilisez la *Table de Hasard* pour obtenir un chiffre. Si vous tirez un chiffre de 0 à 4, rendez-vous au **171.** De 5 à 9, rendez-vous au **25.**

248

Vous pénétrez dans le tunnel ; en jetant un coup d'œil par-dessus votre épaule, vous voyez se dessiner, à l'entrée de la galerie, les silhouettes d'une horde de Guerriers. Leur redoutable cri de guerre résonne dans les ténèbres humides. Bientôt, vous arrivez à un endroit où le tunnel s'est effondré. Un énorme amas de terre s'élève presque jusqu'au plafond. Vous escaladez tant bien que mal ce monticule et vous vous glissez par l'étroit passage qui s'ouvre à son sommet. Vous vous laissez tomber ensuite dans le tunnel, de l'autre côté. Là, vous découvrez un étai branlant. Lorsque tous vos hommes sont passés, vous donnez un coup d'épaule dans le pilier de bois qui se brise aussitôt. Un déluge de pierres et de terre se déverse dans le souterrain, bloquant complètement le passage. Lorsque le nuage de poussière se dissipe, vous scrutez l'obscurité qui s'étend devant vous. Vous distinguez alors des Torches éteintes fixées aux murs. Vos hommes les décrochent et les allument ; vous pouvez à présent éclairer votre chemin. Rendez-vous au **254.**

249

Vous vous précipitez vers la barricade et vous arrachez un arc des mains d'un soldat mort. Vous avez repéré le chef de la cavalerie ennemie. C'est un Guerrier de haute taille, à la peau sombre et au nez droit et fin. Il est en train de rassembler ses hommes au pied de la tour de guet. Il vous faut absolument le tuer avant qu'il n'ait pu regrouper ses troupes sinon, le capitaine Gayal et ses soldats seront impitoyablement massacrés. Vous encochez une flèche et vous bandez votre arc. La corde tendue s'enfonce dans la chair de vos doigts, tandis que vous visez. Utilisez la *Table de Hasard* pour obtenir

249 *Le chef de la cavalerie ennemie est un guerrier de haute taille à la peau sombre.*

un chiffre. Si vous possédez la Discipline Kaï de la Maîtrise des Armes (quelle que soit l'arme dont il s'agit) vous ajouterez 2 au chiffre que vous aurez tiré. Si vous obtenez un total de 0 à 3, rendez-vous au **153.** De 4 à 7, rendez-vous au **323.** De 8 à 11, rendez-vous au **39.**

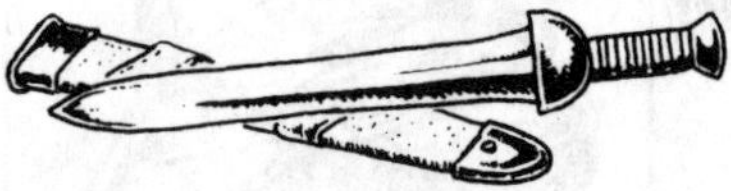

250

Vous remarquez que le tunnel de droite a été creusé récemment et vous sentez qu'il n'est pas encore achevé. Vous ne voulez pas prendre le risque d'être coincé dans un cul-de-sac et vous décidez donc d'emprunter le tunnel de gauche. Rendez-vous au **335.**

251

Vous êtes aidés par un ciel sans nuage qui permet à la lune d'éclairer la grand-route. Vous ordonnez à trois de vos hommes de partir devant en éclaireurs : vous connaissez en effet la sinistre réputation de cette route forestière sur laquelle les voyageurs sont fréquemment surpris par des embuscades de brigands. La forêt dense qui borde la voie pourrait dissimuler une armée entière de voleurs. Vos éclaireurs partent donc au galop avec pour consigne de signaler tout élément suspect qu'ils pourraient découvrir au cours de leur reconnaissance. Une heure plus tard, vous arrivez à un croisement où un sentier orienté à l'est s'écarte de la grand-route. Un chariot calciné a été abandonné sur le bas-côté.

Vous sentez qu'il se passe quelque chose d'anormal. Vos éclaireurs en effet, auraient dû vous signaler la présence de ce chariot bien avant que vous ne le trouviez vous-même. De toute évidence, vos patrouilleurs sont inquiets : ils se demandent ce qui a bien pu arriver à leurs camarades. Vous ne voulez pas prendre le risque de continuer de peur de tomber dans une embuscade. Vous décidez donc de vous arrêter à ce croisement en attendant que vos éclaireurs reviennent. Six heures plus tard, alors que le soleil s'élève lentement au-dessus de la cime des arbres, vos hommes partis en reconnaissance n'ont toujours pas donné signe de vie. Si vous souhaitez poursuivre votre chemin sur la grand-route, rendez-vous au **175.** Si vous préférez examiner les débris du chariot, rendez-vous au **38.** Enfin, si vous estimez plus judicieux d'explorer le sentier orienté à l'est, rendez-vous au **293.**

252

Vous menez vos hommes en file indienne dans la forêt, mais moins d'une minute plus tard la végétation est devenue trop dense pour que vous puissiez continuer à cheval. Vous êtes contraints de mettre pied à terre et de cacher vos montures avant de poursuivre votre chemin. Un peu plus tard vous avez la chance de découvrir un étroit sentier qui mène à un hangar à bateaux délabré, au bord de la rivière Xane. S'il y a une embarcation dans ce hangar, vous devriez pouvoir traverser la rivière sans difficulté. Si vous souhaitez inspecter le hangar à bateaux, rendez-vous au **68.** Si vous préférez longer la rivière dans le sens du courant en espérant trouver un autre moyen de la franchir, rendez-vous au **130.**

253

Vous vous apprêtez à donner l'ordre à vos hommes de dresser le camp, lorsqu'un éclaireur en provenance de l'est apparaît soudain, galopant vers vous. Il vous montre alors une rangée de cavaliers dont les silhouettes se dessinent à l'horizon. « Des brigands ! » s'écrie-t-il. Vous estimez leur nombre à 200 au moins. Les brigands chevauchent dans votre direction. Si vous avez atteint le rang Kaï de Guerrier (ce qui signifie que vous maîtrisez huit Disciplines), rendez-vous au **72.** Dans le cas contraire, rendez-vous au **135.**

254

Le tunnel descend sur plusieurs centaines de mètres. Vous arrivez alors dans une grande salle au sol recouvert d'un plancher. Deux rangées de traces de pas sont clairement visibles dans la boue qui recouvre les planches pourries. Vous constatez alors avec horreur qu'elles s'arrêtent au bord d'un trou béant. Vous vous approchez avec précaution et vous jetez un coup d'œil dans le trou. Vous apercevez aussitôt deux cadavres étendus au fond d'un puits de vase. Vous avez retrouvé vos éclaireurs, mais vous ne pouvez plus rien faire pour eux. Les planches de bois commencent à s'affaisser sous vos pieds et vous vous hâtez de vous éloigner du bord pour ne pas connaître un sort semblable. Au-delà du puits, deux passages permettent de quitter cette salle, l'un est orienté à l'est, l'autre au sud. Si vous maîtrisez la Discipline Kaï de l'Orientation, rendez-vous au **326.** Dans le cas contraire, vous pouvez emprunter le tunnel orienté à l'est, il vous suffit pour cela de contourner le puits ; rendez-vous au **156.** Si vous préférez prendre le tunnel orienté au sud, contournez également le puits et rendez-vous au **101.**

255

Il vous faut rassembler les défenseurs sommerlundais sinon tout est perdu. Vous ordonnez à deux soldats de porter secours au capitaine puis vous sautez sur un wagon retourné pour observer l'avance des ennemis. Ils ont déjà atteint le périmètre en ruines de Ruanon et poursuivent leur approche à l'abri des murs encore debout. Vous donnez l'ordre aux soldats du capitaine Gayal de défendre la barricade, mais les Guerriers ennemis ne sont plus qu'à une centaine de mètres et peut-être est-il déjà trop tard pour repousser leur attaque. Rendez-vous au **186.**

256

Vous glissez à plusieurs reprises sur la passerelle branlante mais vous parvenez finalement à la franchir. Vous apercevez alors la paroi de pierre brute du tunnel grâce à la faible lueur que projette un essaim de mouches phosphorescentes. Vous poursuivez votre chemin quelques instants mais vous êtes à présent si fatigué qu'il vous faut faire une halte pour dormir. Vous vous réveillez plusieurs heures plus tard et vous continuez votre exploration. Rendez-vous au **309.**

257

La porte n'est pas fermée à clé et elle ouvre sur une petite pièce au sol couvert de paille. Un gros coffre aux garnitures de fer est posé auprès d'un lit défait. De l'autre côté, vous apercevez une deuxième porte. Si vous souhaitez examiner le coffre, rendez-vous au **302.** Si vous préférez ne pas y prêter attention et vous approcher de la porte, rendez-vous au **131.**

258

Vous vous éloignez de la cabane et vous poursuivez votre chemin parmi les arbres. Au matin, vous avez atteint la lisière de la forêt. Contemplant alors les champs de blé qui s'étendent au-delà, vous apercevez un petit village niché au creux d'une vallée peu profonde. Quelques sentiers étroits apparaissent parmi les blés et vous distinguez des essaims d'insectes qui volettent çà et là. Vous avancez le long d'un des sentiers lorsque des brigands apparaissent soudain un peu plus loin. Leurs lances jetées sur l'épaule, ils marchent dans votre direction d'un pas insouciant, comme s'ils se promenaient. Si vous possédez un Médaillon d'Onyx, rendez-vous au **305.** Si vous souhaitez vous cacher parmi les blés, rendez-vous au **159.** Enfin, si vous maîtrisez la Discipline Kaï du Camouflage et que vous ayez atteint le rang Kaï de Gardien (ou un rang supérieur) rendez-vous au **49.**

258 *Les brigands marchent dans votre direction, la lance sur l'épaule.*

259

« Allez vous en ! crie une voix inquiète, c'est une taverne ici, pas une caserne ! » Vous essayez de convaincre les occupants des lieux de vos intentions pacifiques mais ils restent inflexibles et refusent de vous laisser entrer. Il ne vous reste donc plus qu'à poursuivre votre chemin le long de la grand-route. Rendez-vous au **141.**

260

Les Chiens de Guerre s'élancent en direction de la barricade les yeux brillants de férocité. Cinq de ces molosses ouvrent une brèche dans la barrière en renversant sacs et tonneaux et se jettent sur les soldats qui vous entourent. D'un seul coup de votre arme, vous tuez deux de ces Chiens répugnants mais, dans le feu de l'action, vous ne remarquez pas que d'autres molosses bondissent sur vous par-derrière. Sous le choc vous êtes précipité en avant sur les débris de la barricade effondrée. Avant que vous ayez pu vous relever, ils vous plantent les crocs dans les jambes. Vous devez à présent les combattre.

CHIENS
DE GUERRE
VASSAGO-
NIENS HABILETÉ : 18 ENDURANCE : 30

Si vous êtes toujours vivant après trois Assauts, rendez-vous au **311.**

261

Vous trouvez les objets suivants sur le premier cadavre que vous fouillez : 8 Pièces d'Or et des provisions équivalentes à un Repas. Vous vous apprêtez à examiner les autres corps lorsque vous entendez des bruits de pas précipités qui s'approchent de l'autre côté de la salle. Vous tirez à nouveau sur la corde et à votre grand soulagement la herse se relève libérant l'entrée du tunnel. Vous vous précipitez sous la lourde grille de fer et vous vous enfuyez en courant le long du souterrain. Rendez-vous au **348.**

262

Vous vous ruez en avant pour frapper, mais le brigand cabre son cheval et esquive votre coup. Les sabots de l'étalon s'abattent sur votre tête, vous tombez à terre et vous êtes piétiné dans une mare de sang. Assommé et mortellement blessé, vous percevez à peine le ricanement maléfique du cavalier qui lève son arme pour vous porter le coup de grâce. Votre mission s'achève ici en même temps que votre vie.

263

Vous vous penchez de côté pour essayer d'esquiver le projectile, mais le disque s'enfonce profondément dans votre épaule et vous perdez 4 points d'ENDURANCE. La main crispée sur votre bras blessé, vous courez le long d'un chemin étroit qui mène à un bosquet d'arbres au feuillage touffu. Lorsque vous l'atteignez, vous entendez derrière vous les cris des brigands. Si vous souhaitez poursuivre votre fuite à travers la forêt en direction du sud, rendez-vous au **123.** Si vous préférez changer de direction et courir vers l'ouest, rendez-vous au **169.**

264

Votre sensibilité de Seigneur Kaï vous permet d'identifier les traces de sabots qui longent le sentier en direction de l'est. Elles ont été laissées par des chevaux de la cavalerie du Sommerlund. Si vous souhaitez suivre ces traces, rendez-vous au **134.** Si vous préférez prendre la direction opposée, rendez-vous au **191.**

265

Vous n'avez pas le temps de fouiller les cadavres, d'autres patrouilles ont en effet été alertées par le fracas de la bataille et sont à présent en train de se frayer un chemin parmi les arbres pour essayer de vous rejoindre. Ecartant le feuillage taché de sang, vous vous élancez en direction de Ruanon. Rendez-vous au **307.**

266

« Il y a presque un mois que nous n'avons plus de nouvelles, dit-il en hochant sa tête barbue.

Quelques cavaliers de votre pays sont passés par ici à cette époque mais, depuis, nous n'avons vu personne d'autre, à part une troupe de troubadours en provenance de Clœasia et, bien entendu, ces maudits brigands ». Les trois jeunes gens, qui se révèlent être les fils du tenancier, décident de prendre des tours de garde derrière les meurtrières aménagées dans les murs ; vos hommes et vous pourrez ainsi dormir quelques heures. Rendez-vous au **324.**

267

Une douleur fulgurante vous déchire la poitrine. Un carreau d'arbalète vous a projeté à terre et, les mains crispées sur la flèche, vous apercevez le visage d'un Garde qui lève son épée pour vous porter le coup de grâce. Votre mission s'achève ici en même temps que votre vie.

268

En fouillant les Gardes, vous trouvez les objets suivants :

- 4 Pièces d'Or
- 1 Lance
- 1 Glaive
- 1 Clé de Fer
- 1 Clé de Cuivre
- des vivres équivalents à deux Repas
- 1 Flacon contenant un liquide rouge.

Vous reconnaissez aussitôt ce liquide : c'est une Potion de Laumspur aux puissantes vertus curatives. Si vous la buvez, après un combat, elle vous permettra de regagner 4 points d'ENDURANCE. Vous pouvez prendre un ou plusieurs de ces objets, à condition de les noter sur votre

Feuille d'Aventure. Une grande porte de fer est aménagée dans le mur nord. A côté de la porte une arcade de pierre permet d'accéder à un escalier en colimaçon. Si vous souhaitez examiner la porte de fer, rendez-vous au **118.** Si vous préférez monter l'escalier en colimaçon, rendez-vous au **170.** S'il vous semble plus opportun de descendre l'escalier en colimaçon, rendez-vous au **228.**

269

Vous suivez le couloir pendant environ une heure avant d'arriver devant une paroi rocheuse. Des Pelles et des brouettes ont été abandonnées sur le sol comme si les hommes qui creusaient ce souterrain l'avaient fui en toute hâte. Vous pouvez prendre l'une des Pelles, si vous le souhaitez, mais sachez qu'elle occupera dans votre Sac à Dos la place de deux objets. Vous avez faim à présent et il vous faut prendre un Repas, sinon vous perdrez trois points d'ENDURANCE. Maudissant votre malchance, vous êtes contraint de rebrousser chemin jusqu'au croisement. Vous poursuivez ensuite votre exploration en vous rendant au **145.**

270

La pluie et l'obscurité dissimulent votre approche, vous permettant d'atteindre les marches de marbre sans être vu. L'escalier est envahi de mauvaises herbes et de moisissures, mais un chemin y a été tracé qui permet de descendre dans les ténèbres d'une vaste cave voûtée. Si vous possédez une Torche dans votre Sac à Dos, rendez-vous au **29.** Si vous possédez une Sphère de Feu, rendez-vous au **168.** Si vous n'avez ni l'une ni l'autre, vous pouvez poursuivre votre chemin dans l'obscurité en vous rendant au **246.** Il vous est également possible de quitter la cave pour essayer d'entrer dans le temple par la porte de la crypte, rendez-vous pour cela au **183.**

271

Vous êtes parvenu au milieu du pont lorsque l'un des Gardes tire sur la corde suspendue au plafond. En jetant un coup d'œil par-dessus votre épaule vous constatez avec horreur que la corde passe dans une série d'anneaux de métal pour aboutir à deux broches de fixation qui maintiennent la passerelle accrochée au bord du puits. Lorsque la corde se tend, les broches de fixation se détachent. Utilisez la *Table de Hasard* pour obtenir un chiffre. Si vous maîtrisez la Discipline Kaï de la Chasse, vous ajouterez 2 au chiffre que vous aurez tiré. Si vous obtenez un total de 0 à 6, rendez-vous au **9**. De 7 à 11, rendez-vous au **104**.

272

Vous heurtez un gros rocher qui émerge de la rivière. Fort heureusement, ce sont vos pieds (et non votre tête) qui ont encaissé le choc. Vous êtes submergé cependant par l'eau bouillonnante qui vous remplit le nez et les oreilles. Les rapides vous emportent, vous êtes roulé en tous sens, les yeux vous piquent et la douleur que le choc a provoquée dans vos jambes se répand dans tout votre corps. L'arête pointue d'un rocher déchire la manche de votre tunique et vous meurtrit le bras. Votre arme vous échappe des mains. Vous êtes ensuite projeté dans une sorte de torrent aux berges en forme de V et vous plongez cul par-dessus tête dans les profondeurs d'une vaste étendue d'eau. Tandis que vous vous enfoncez dans les flots sombres et agités de remous, vous perdez rapidement connaissance, sombrant dans un engourdissement aveugle et silencieux. Lorsque vous ouvrez à nouveau les yeux, le soleil est en train de se coucher. Vous êtes échoué sur une berge de la rivière près d'un sentier forestier au tracé sinueux. Les contours de la chaîne de Maaken se dessinent à l'est et vous en concluez que vous avez dû être emporté par le courant sur plusieurs kilomètres. Vous venez de survivre à une terrible épreuve qui aurait eu raison sans nul doute d'un mortel ordinaire. Vous avez perdu cinq points d'ENDURANCE, en raison des blessures infligées à vos jambes et à votre tête. Vous avez également perdu une arme. En revanche tous vos Objets Spéciaux, les objets contenus dans votre Sac à Dos et vos Pièces d'Or sont intacts. Apportez les modifications nécessaires à votre *Feuille d'Aventure*, puis rendez-vous au **79**.

273

Vous avez parcouru moins de huit kilomètres, lorsque vous apercevez, un peu plus loin sur la grand-route, un convoi de roulottes, peintes de couleurs voyantes et tirées par des bœufs. Une immense bannière ornée de glands flotte sur le toit de la roulotte de tête. On peut y lire ces mots : « Le célèbre groupe Asajir, troubadours aux Cours Impériales de Magnamund. » Si vous souhaitez faire signe à ces troubadours de s'arrêter pour leur poser des questions, rendez-vous au **37**. Si vous préférez ne pas leur prêter attention et les laisser passer, rendez-vous au **126**.

273 *Vous apercevez un convoi de roulottes tirées par des bœufs.*

274

Barraka dégaine son cimeterre à la lame étincelante et tranchante comme un rasoir, puis il s'avance sur vous avec une souplesse terrifiante qui en dit long sur sa puissance de guerrier et son parfait sang-froid. Vous allez devoir engager contre lui un rude combat qu'il faudra poursuivre jusqu'à la mort de l'un de vous deux. Rendez-vous au **122**.

275

D'un seul coup de votre épée d'or, vous brisez le pilier de bois. Un tremblement agite le sol et dans un grondement assourdissant, un déluge de terre et de pierres se déverse dans le tunnel, bloquant complètement le passage. Vous êtes aussitôt enveloppé d'un nuage de fumée. Toutes les Torches se sont éteintes et sous la violence du choc, vous avez été projeté à terre dans une chute qui vous fait perdre un point d'ENDURANCE. Vous vous relevez à grand-peine et vous vous mettez à courir le long du tunnel envahi de poussière en direction d'une lointaine clarté diffusée par des Torches que le choc de l'éboulement n'a pas soufflées. Rendez-vous au **335**.

276

Un grognement terrifiant retentit bientôt. Vos hommes et vous-même vous immobilisez en voyant le mur du fond s'avancer soudain vers vous. Une crevasse apparaît qui s'élargit en révélant deux rangées de dents tranchantes comme des rasoirs. Vous avez réveillé un Ver de Pierre affamé qui a l'intention de vous inscrire au menu de son prochain repas. Vos patrouilleurs dégainent leurs épées et se préparent au combat. Il est trop tard pour qu'ils puissent prendre la fuite. Si vous souhaitez combattre le Ver de Pierre rendez-vous au **88**. Contrairement à vos hommes qui se trouvent devant, vous pouvez peut-être essayer de fuir en retournant vers l'échelle. Rendez-vous pour cela au **26**.

277

D'un coup de pied, vous repoussez le cadavre du Chien de Guerre et vous vous préparez à un nouveau combat. Trois autres molosses grognant et grondant s'apprêtent à vous bondir dessus et vous devrez les affronter en les considérant comme un seul et même ennemi.

CHIENS
DE GUERRE HABILETÉ : 22 ENDURANCE : 35

Si vous remportez la victoire, rendez-vous au **155**.

278

La promptitude de vos réflexes vous a sauvé d'une mort certaine. Le disque mortel vous rate en effet, et vient se loger dans une roue. Vous éloignant du chariot, vous courez à toutes jambes le long d'un étroit sentier qui mène à un bosquet d'arbres au feuillage touffu. Vous plongez parmi les branchages pour vous mettre à couvert, tandis que retentissent derrière vous les cris des brigands. Si vous souhaitez poursuivre votre chemin tout droit en direction du sud, parmi les arbres de la forêt, rendez-vous au **123**. Si vous préférez aller vers l'ouest, rendez-vous au **169**.

279

Tandis que vous déroulez le parchemin dont vous commencez à lire la sinistre prophétie, le baron se lève avec difficulté, et répète mot pour mot chaque vers de la terrible strophe, sa voix s'élevant comme un écho de la vôtre :

Au soir de pleine lune, en un temple profond
Sacrifice viendra à jamais réveiller
Les légions d'un seigneur trop longtemps oublié.
Quand mourra sur l'autel la vierge aux cheveux blonds,
Des gorges de Maaken les morts se lèveront
Pour exiger enfin la rançon des guerriers.

« Il faut que vous la sauviez Loup Solitaire, dit le baron d'une voix tremblante d'émotion ; il faut que vous empêchiez le sacrifice ».

« Sauver qui ? Qui doit-il sauver ? » interroge le capitaine Gayal tout en essayant de calmer le baron en émoi.

« Ma fille Madelon, répond ce dernier, Barraka a découvert le Poignard de Vashna, et il projette de sacrifier ma fille sur l'autel du temple pour libérer les morts des gorges de Maaken. »

Le baron explique alors qu'au temps de la Lune Noire, le roi Ulnar du Sommerlund tua Vashna, le plus puissant des Maîtres des Ténèbres à l'aide du Glaive de Sommer, l'Epée du Soleil. Le corps du chef ennemi ainsi que les cadavres de tous ses soldats, furent précipités dans les abîmes sans fond des gorges de Maaken.

« Barraka veut réveiller ces légions, poursuit le baron, et les amener à la victoire en conquérant tout d'abord le Sommerlund, puis l'ensemble des Fins de Terre. »

Vous observez le baron dans un silence impressionnant. Si Barraka parvient à accomplir le sacrifice, tout sera perdu. Quelle armée de mortels pourrait en effet résister aux légions des morts ? Le capitaine Gayal vous entraîne ensuite hors de la pièce, dont il referme la porte derrière lui.
« Je craignais qu'il ne soit fou, dit-il, mais votre parchemin vient hélas confirmer mon pire cauchemar ; il dit bien la vérité ». Tandis que vous repensez à l'effroyable signification de ces quelques vers, votre sombre méditation est soudain interrompue par le son aigu d'une corne de guerre. Le capitaine Gayal s'approche d'une meurtière et scrute la plaine. Lorsqu'il se tourne à nouveau vers vous, il a le teint gris comme la cendre. « Les brigands, murmure-t-il, ils lancent une attaque. »
Si vous possédez l'Epée du capitaine Gayal, rendez-vous au **327**. Sinon, rendez-vous au **289**.

280

Vous retournez le cadavre et vous le fouillez rapidement. Vous découvrez alors les objets suivants :

- 3 Pièces d'Or
- des provisions équivalentes à 1 Repas
- 1 Epée

Vous pouvez prendre un ou plusieurs de ces objets avant de franchir le pont. N'oubliez pas de les noter sur votre *Feuille d'Aventure*. Lorsque vous parvenez de l'autre côté de la passerelle, vous entendez des bruits de pas lointains et précipités. Vous estimez préférable de ne pas vous attarder plus longtemps et vous quittez les lieux en empruntant le tunnel qui s'ouvre dans le mur ouest. Rendez-vous au **348**.

281

La créature disparaît et vous vous retrouvez allongé par terre dans le tunnel. Vous avez le souffle court, votre cœur bat avec force et une sueur froide ruisselle sur votre corps. Vous comprenez alors ce qui vous est arrivé. Les spores des champignons ont provoqué en vous une hallucination. Le Démon des Tunnels n'existait que dans votre esprit. Malheureusement, bien qu'il ne se soit agi là que d'une illusion, vous avez bel et bien perdu les points d'ENDURANCE que vous a coûté ce combat imaginaire. Vous vous êtes en effet infligé des blessures à vous-même en vous jetant contre les murs aux aspérités pointues. Tandis que les effets de ces spores malfaisantes disparaissent peu à peu, une fatigue irrépressible vous submerge et vous perdez conscience. Vous ne vous réveillez qu'au bout de plusieurs heures, la gorge et la tête douloureuses. Vous allumez à nouveau votre Torche et vous reprenez votre chemin le long du tunnel. Rendez-vous au **185**.

282

La serrure est rouillée et grippée, mais elle finit par céder et la porte s'ouvre. Vous pénétrez alors dans un étroit passage qui descend vers une autre porte située 15 mètres plus loin. Vous donnez l'ordre à vos hommes de partir en avant tandis que vous refermez la porte. Vous éprouvez de grandes difficultés à actionner à nouveau la serrure pour verrouiller le panneau. Lorsque enfin vous entendez cliqueter le mécanisme, un autre cliquetis beaucoup plus sonore, retentit comme un écho : une trappe vient de s'ouvrir dans le sol au beau milieu du passage. Tous vos hommes, hurlant de terreur, sont alors précipités dans un gouffre profond. La gorge nouée par la peur, vous vous approchez du bord du gouffre, et vous scrutez ses profondeurs obscures. Les parois de la fosse sont verticales et vous ne parvenez pas à en distinguer le fond. Un courant d'air froid et le sifflement sinistre d'un vent lointain montent du gouffre. Il n'y a plus rien à faire, il ne vous reste plus qu'à adresser un adieu silencieux à vos hommes perdus à jamais. Le cœur lourd, vous contournez le gouffre et vous vous dirigez vers l'autre porte, au bout du passage. Rendez-vous au **257**.

283

Vous empoignez le flacon d'Eau Bénite, vous visez soigneusement et vous le jetez de toutes vos forces. Barraka s'immobilise, bouche bée, tandis que le flacon vient se fracasser contre la lame d'acier noir du poignard de Vashna. Une immense flamme blanche jaillit alors dans un bruit d'explosion. Une bouffée de chaleur intense vous brûle presque le visage et vous êtes projeté à terre. Vous perdez trois points d'ENDURANCE.- Horrifié, vous voyez ensuite Barraka le bras déchiqueté par l'explosion chanceler en arrière à travers le temple. Il a été aveuglé par les flammes et sa main valide est crispée sur ses yeux morts. Dans un silence impressionnant, il trébuche et tombe dans l'ouverture béante des portes noires aux têtes de morts. Il est aussitôt précipité au fond des gorges de Maaken et englouti par le gouffre maudit. Rendez-vous au **350**.

284

Vous ordonnez à vos hommes de se déployer sur une seule ligne et d'avancer vers les brigands. Lorsqu'ils ne sont plus qu'à une centaine de mètres de l'ennemi, vous donnez le signal de l'attaque. Le vent vous cingle le visage en vous portant l'écho des cris de guerre qui retentissent dans la plaine. Les adversaires, se précipitant à la rencontre les uns des autres, se heurtent avec une formidable violence. Vous êtes vous-même à demi assommé par le choc lorsque votre cheval vient frapper de plein fouet le flanc d'une monture ennemie. L'animal et son cavalier sont projetés à terre. Quant à vous, vous vacillez sur votre selle, et vous ne parvenez pas à éviter un coup de lance qui ouvre une blessure dans votre cuisse. Vous perdez aussitôt trois points d'ENDURANCE avant de vous tourner vers votre agresseur pour le combattre.

GUERRIER
PILLARD HABILETÉ : 16 ENDURANCE : 25

Vous avez le droit de prendre la fuite à tout moment en vous rendant au **89.** Si vous remportez la victoire, rendez-vous au **7.**

285

Vous vous précipitez en haut des marches pour attaquer les Gardes. Ces derniers tirent aussitôt une volée de carreaux d'arbalètes, et l'une des flèches à la pointe de métal transperce le capuchon de votre cape. Par miracle, vous n'êtes pas touché. Vous levez alors votre arme et vous frappez, fracassant le crâne du garde qui a tiré sur vous. A peine s'est-il effondré dans l'escalier, que l'un de ses compagnons s'avance pour vous combattre. Il vous est impossible de vous enfuir, et vous devrez affronter ce nouvel adversaire jusqu'à la mort de l'un de vous deux.

GARDE HABILETÉ : 16 ENDURANCE : 28

Si vous remportez la victoire, rendez-vous au **71.**

286

Vous attendez en retenant votre souffle. Bientôt, une rangée d'hommes au visage hagard passe devant vous, encadrés par des brigands qui frappent ceux qui hésitent ou s'écartent de la file. Chacun de ces hommes reçoit l'ordre de pousser un chariot le long du tunnel. Quelques instants plus tard, ils sont hors de vue. Vous attendez encore puis, lorsque vous estimez qu'il n'y a plus de danger, vous reprenez votre chemin dans le tunnel en prenant soin de vous dissimuler dans l'ombre. Enfin, vous arrivez au bout du souterrain et vous émergez dans la lumière du jour. Un peu plus loin à votre gauche, vous apercevez une forêt touffue. La voie ferrée mène à un portique dressé au-dessus d'un entassement de minerai.C'est là que se trouvent à présent les hommes et les Gardes que vous avez vus passer. Vous vous précipitez en direction des arbres que vous parvenez à atteindre sans avoir été repéré. Vous vous arrêtez un instant pour reprendre votre souffle, puis vous poursuivez votre route dans la forêt en direction de Ruanon. Rendez-vous au **200.**

287

A peine avez-vous fait une dizaine de pas, que la vieille femme se laisse tomber sur le sol. « Une embuscade ! » s'écrie aussitôt l'un des patrouilleurs. C'est le dernier mot qu'il prononcera jamais. Un disque de métal aux bords acérés, jeté d'un balcon, vient en effet de s'enfoncer profondément dans sa poitrine. Soudain, la taverne est envahie de brigands qui font irruption par les portes et les fenêtres. Poussant des cris de guerre aux accents barbares, trois brigands se précipitent sur vous. Vous dégainez votre arme et vous frappez, tranchant d'un seul coup la tête de deux des brigands à la peau sombre. Le troisième est sur vous avant même que les corps de ses camarades ne se soient effondrés sur le sol. Il vous faut combattre ce Guerrier Pillard.

GUERRIER
PILLARD HABILETÉ : 17 ENDURANCE : 27

Si vous remportez la victoire, rendez-vous au **75**.

288

Vous postez trois hommes en sentinelle pour garder les chevaux et vous pénétrez dans la mine en compagnie de quatre patrouilleurs. Il règne une obscurité totale dans la galerie, mais vous remarquez bientôt que des Torches éteintes sont accrochées aux murs humides, à intervalles réguliers, et vous prenez chacun une torche que vous allumez avant de poursuivre votre chemin. Les traces de pas sont clairement visibles sur le sol boueux. Elles mènent vers un endroit où le tunnel s'est éboulé. Un amas de terre se dresse sur le chemin, laissant apparaître une étroite ouverture entre son sommet et le plafond. Les traces de pas montent le long de ce tas de terre. Si vous souhaitez escalader à votre tour le monticule et vous glisser par l'étroite ouverture ménagée entre son sommet et le plafond, rendez-vous au **254.** Si vous préférez interrompre les recherches et retourner à l'entrée du tunnel, rendez-vous au **187.**

289

Vous suivez le capitaine Gayal qui descend quatre à quatre le large escalier de la tour de guet, puis se précipite vers la barricade. Un grondement sonore, comme un lointain tonnerre, retentit alentour. La cavalerie ennemie envahit la plaine de tous côtés et se prépare à l'attaque. Des colonnes de soldats à pied, revêtus d'armures écarlates, avancent parmi les chevaux en poussant devant eux une foule de civils terrifiés. « Ce sont des habitants de Ruanon ! » s'écrie le capitaine Gayal, la main en visière au-dessus des yeux. « Ce chien de Barraka s'en sert comme boucliers ! » Autour de vous les hommes du capitaine Gayal ont tendu leurs arcs, attendant le signal de tirer. Le capitaine cependant n'ose pas en donner l'ordre. Soudain, une catapulte projette dans les airs un énorme rocher noir, en direction de la barricade. Horrifié, vous le voyez prendre feu et se désintégrer en déversant une pluie d'huile enflammée sur les soldats du Sommerlund. Ces derniers ne peuvent s'enfuir et

289 *Vous voyez avec horreur se déverser une pluie d'huile enflammée.*

nombre d'entre eux sont gravement brûlés avant qu'on n'ait pu éteindre les flammes. Un cri de guerre retentit alors dans les rangs ennemis. C'est le signal de l'attaque. Les habitants de Ruanon sont écartés et piétinés par les hordes de Guerriers écarlates qui se portent à l'assaut de la barricade. La pluie d'huile enflammée a dispersé les hommes du capitaine Gayal, et la barricade n'est plus que sommairement défendue. Un instant plus tard vous entendez le capitaine crier votre nom. Sa cape et sa tunique sont en feu et il vous appelle au secours. Si vous souhaitez aider le capitaine rendez-vous au **5.** Si vous préférez rassembler les soldats avant que l'ennemi n'ait atteint la barricade rendez-vous au **86.** Enfin, si vous avez atteint le rang Kaï de Guerrier (ce qui signifie que vous maîtrisez huit Disciplines Kaï) rendez-vous au **255.**

290

Les ruines sont envahies de racines et de mauvaises herbes, mais vous parvenez cependant à distinguer les contours du sanctuaire qui constitue le centre du temple. L'immense dôme de marbre est toujours intact et vous offrira un excellent abri. Tandis que vous attachez votre cheval à un arbre rabougri, vous apercevez deux hommes vêtus de longues capes noires, cachés sous le dôme. Vous leur donnez aussitôt l'ordre de sortir du sanctuaire et de décliner leur identité, mais ni l'un ni l'autre ne vous répond ni ne bouge. Si vous souhaitez faire signe à vos hommes d'attaquer ces deux étrangers, rendez-vous au **44.** Si vous préférez essayer de les capturer vivants rendez-vous au **102.** Enfin, si vous décidez plutôt de remettre votre arme au fourreau et de vous approcher d'eux la main tendue en signe d'amitié, rendez-vous au **78.**

291

Le passage mène à une porte cloutée de fer. Collant votre oreille contre le panneau de bois brut, vous percevez des voix de l'autre côté. Si vous maîtrisez la Discipline Kaï du Camouflage, rendez-vous au **172.** Sinon, vous pouvez dégainer votre arme, ouvrir la porte et vous rendre au **93.** Vous avez également la possibilité de revenir sur vos pas dans la galerie pour suivre la voie ferrée dans le tunnel orientée à l'ouest. Rendez-vous dans ce cas au **55.**

292

Vous dégainez votre arme juste à temps pour éviter la catastrophe. Le disque mortel vient en effet frapper de plein fouet le tranchant du Glaive d'Or, et se brise en deux moitiés qui vous frôlent les joues dans un sifflement terrifiant. Vous vous éloignez ensuite du chariot en courant le long d'un sentier étroit qui mène à une forêt dense. Lorsque vous atteignez les arbres, vous entendez les cris des brigands derrière vous. Si vous souhaitez courir tout droit en direction du sud, rendez-vous au **123.** Si vous préférez changer de direction et aller vers l'ouest, rendez-vous au **169.**

293

Vous suivez le chemin qui s'enfonce dans les collines boisées. Bientôt vous découvrez des traces de sabots parfaitement visibles dans la terre meuble du sentier. Si vous maîtrisez la Discipline Kaï de l'Orientation, rendez-vous au **18.** Sinon rendez-vous au **150.**

294

Le chariot s'arrête sous un portique et les hommes au visage hagard sont reconduits dans le tunnel. Il vous faut attendre une heure avant que l'entrée du souterrain soit à nouveau libre. Vous vous glissez alors hors du chariot, et vous courez le long de la voie ferrée. Vous apercevez d'un côté une forêt touffue et de l'autre une profonde excavation aux parois abruptes. Vous vous précipitez vers l'abri des arbres en comprenant à ce moment que l'étranger au visage ruisselant de sueur avait essayé de vous aider à fuir. Vous lui adressez de silencieux remerciements, et vous poursuivez votre chemin en direction de Ruanon. Rendez-vous au **200.**

295

Le Guerrier Pillard est étendu mort à vos pieds. « Vive le Sommerlund ! » vous écriez-vous, tandis que le mur de boucliers ennemis vacille et s'effondre. Vos hommes reprennent en chœur ce cri de guerre et s'élancent sur les brigands. Les épées gémissent en s'entrechoquant comme si le métal criait de douleur à l'instar des hommes qui le brandissent. Le combat est bref et sans merci. Les brigands jettent bientôt à terre leurs boucliers et s'enfuient de la taverne en se fondant dans l'obscurité humide de pluie. Vous rassemblez vos patrouilleurs et vous vous précipitez vers les écuries ; votre cœur se met alors à battre plus vite en constatant que les portes en sont grandes ouvertes. Vous craignez le pire. Rendez-vous au **345.**

296

Si vous possédez le Glaive de Sommer, rendez-vous au **325.** Si vous disposez d'un flacon d'Eau Bénite, rendez-vous au **283.** Si vous n'avez ni l'un ni l'autre, rendez-vous au **274.**

297

Vers midi, vous êtes forcé de vous arrêter. Vous avez atteint en effet, le sommet d'une colline à partir de laquelle la grand-route descend peu à peu en direction d'un large pont de bois. C'est le pont de Ruanon. Vous reconnaissez ses gros piliers noirs, et les eaux sombres de la rivière Xane qui coule au-dessous. De l'autre côté du pont, se dessinent les ruines noircies par le feu d'une auberge, et les silhouettes caractéristiques de brigands à cheval. A l'entrée du pont, un poteau de signalisation blanc indique : « Ruanon 20 kilomètres ». Vous êtes conscient qu'il serait suicidaire d'essayer de franchir le pont. Les brigands disposent en effet de lourdes arbalètes accrochées à leur selle. Si vous souhaitez traverser la rivière en amont, c'est-à-dire vers l'ouest, rendez-vous au **113.** Si vous préférez essayer de traverser cette rivière en aval, c'est-à-dire vers l'est, rendez-vous au **252.**

298

Les Démons des Tunnels qui poussent de grands cris en se recroquevillant sous vos coups disparaissent peu à peu. Incrédule, vous secouez la tête et vous vous frottez les yeux avant de vous rendre à l'évidence : il ne reste plus la moindre trace de ces créatures, pas le moindre cadavre, en dépit des coups mortels que vous leur avez portés. Vous comprenez alors ce qui s'est passé. Les spores lâchées par les champignons ont provoqué en vous une hallucination. Vos adversaires n'existaient que dans votre tête. Malheureusement, tous les points d'ENDURANCE que vous avez perdus au cours de ce combat imaginaire doivent bel et bien être retranchés de votre total. En vous débattant avec frénésie, vous vous êtes en effet heurté à plusieurs reprises contre les aspérités pointues des parois du tunnel, vous infligeant ainsi de véritables blessures. Vous rengainez à présent votre arme, et vous vous remettez en chemin d'un pas chancelant en vous éloignant le plus vite possible de ces champignons maléfiques. Rendez-vous au **185.**

299

Vous disposez vos hommes côte à côte devant l'entrée de la mine. Leurs boucliers forment un mur de bois et d'acier qui détourne les flèches tirées par vos ennemis. Les brigands sautent bientôt des arbres et abandonnent leurs arcs pour dégainer leurs longues épées à la lame recourbée. Plusieurs d'entre eux trébuchent et tombent à terre, mais leur chef les pousse en avant en leur donnant de grands coups dans le dos du plat de sa hache de guerre. L'homme est une brute repoussante vêtue d'une lourde cotte de mailles en cuivre. Les premiers brigands se jettent sur le mur de boucliers, en poussant des cris de guerre assourdissants. Un déluge de coups s'abat sur vos hommes qui tiennent bon, cependant, se défendant vaillamment contre l'ennemi qui tente de les anéantir. La première vague de brigands recule en chancelant. Ils ont les mains crispées sur leurs blessures tandis qu'une douzaine de leurs camarades restent étendus morts à vos pieds. Aucun de vos hommes n'est tombé. Quant à vous, à peine avez-vous pris le temps d'essuyer votre front éclaboussé de sang, que le chef ennemi se rue sur vous en brandissant sa hache de guerre. A grands coups de son arme redoutable, il écarte les boucliers de vos hommes et vous attaque. Il vous est impossible de prendre la fuite. Vous devrez le combattre jusqu'à la mort de l'un de vous deux.

CHEF
BRIGAND HABILETÉ : 19 ENDURANCE : 29

Si vous êtes vainqueur, rendez-vous au **121.**

300

Un hurlement d'épouvante et de douleur retentit. Le tireur isolé s'abat sur le sol, sous le poids d'un Chien de Guerre qui vient de lui sauter à la gorge. D'autres molosses attirés par ses cris terrifiants se précipitent à leur tour, et l'homme est bientôt déchiqueté par les crocs puissants des créatures sanguinaires. Levant le regard, vous voyez un homme surgir de la barricade et courir vers vous. Il porte un bouclier dans une main et un arc dans l'autre. Vous le reconnaissez aussitôt : c'est le capitaine Gayal. Hors d'haleine, il parvient jusqu'à vous et tire une flèche de son carquois. Les Chiens de Guerre, lassés de leur victime, cherchent à présent une autre proie et se dirigent vers vous. Le capitaine vise et tire puis prend une autre flèche dès qu'il a relâché la corde de son arc. Les Chiens de Guerre s'effondrent sur le sol, tout autour de vous, transpercés par les projectiles mortels du capitaine Gayal. Ce dernier vous empoigne par le bras et vous hisse sur son épaule d'un geste bref. Il vous emporte ensuite vers la barricade. Des soldats du Sommerlund courent vers lui pour l'aider, mais les archers ennemis sont maintenant à portée de tir et vos compatriotes sont contraints de battre en retraite sous une pluie de flèches. Les projectiles écarlates sifflent de tous côtés. Finalement, vous atteignez la barricade. Des soldats écartent un chariot, et le capitaine Gayal franchit la brèche en vous portant toujours sur son épaule. Proche de l'épuisement, il chancelle, et ses hommes se précipitent sur lui pour le soutenir avant qu'il ne s'effondre sur le sol. Rendez-vous au **341**.

301

Vous passez bientôt devant des écuries bâties au milieu d'un vaste enclos. De nombreux chevaux sont rassemblés là et chacun d'eux est sellé. Si vous maîtrisez la Discipline Kaï de la Communication Animale, rendez-vous au **106.** Dans le cas contraire, rendez-vous au **236.**

302

Le coffre n'est pas fermé à clé. Ce qui vient d'arriver à vos hommes vous rend cependant très prudent, et vous décidez de ne pas prendre de risques. Vous tenant à l'écart du coffre, vous soulevez le couvercle de la pointe de votre arme et vous le rabattez d'un coup sec. Vous attendez un instant en retenant votre souffle mais rien ne se produit. Le propriétaire du coffre estime sans doute que le piège aménagé dans le passage suffit à le protéger des voleurs. Le coffre contient nombre d'objets de valeur : des assiettes et des coupes d'or incrustées de pierreries, des colliers de turquoise, des perles, des statuettes de jade et une pierre précieuse d'un grand prix. Vous contemplez ces richesses avec émerveillement, mais vous décidez de n'en emporter aucune. Elles seraient trop lourdes, en effet, et inutiles à votre mission. Vous remarquez alors, sous les assiettes d'or, un sac de cuir. Vous le retirez du coffre et vous reconnaissez aussitôt sa forme caractéristique ; il s'agit d'un sac d'herboriste qui contient les objets suivants :

- 2 flacons de Potion de Laumspur ; chaque dose vous permet de regagner quatre points d'ENDURANCE.
- 1 fiole de Potion d'Aléther ; elle vous permet

d'augmenter de 2 points votre HABILETÉ au cours d'un combat (et un seul).
- 1 flacon d'Eau Bénite.

Si vous souhaitez conserver l'un ou l'autre de ces objets, inscrivez-les sur votre *Feuille d'Aventure*. Dirigez-vous à présent vers la porte située de l'autre côté en vous rendant au **131.**

303

Le pont s'écrase contre la paroi. Vos genoux et les jointures de vos doigts sont douloureusement meurtris mais vous êtes toujours vivant, et vous restez agrippé à une planche de la passerelle. Le choc vous a fait perdre deux points d'ENDURANCE. Les planches du pont constituent une excellente échelle que vous vous hâtez d'escalader pour sortir du puits de mine. Vos ennemis poussent alors une série de jurons retentissants : ils sont en effet bloqués de l'autre côté du puits et incapables désormais de vous poursuivre. Avec un sourire ironique, vous leur faites de la main un signe d'adieu puis vous pénétrez dans le tunnel orienté à l'ouest. Rendez-vous au **348.**

304

Un seul coup de votre arme suffit à sectionner le tentacule qui emprisonne le pied du patrouilleur. L'homme vous remercie avec chaleur, puis tranche à son tour l'extrémité d'un autre tentacule gluant qui émerge de l'eau boueuse. Soudain, un craquement terrifiant retentit. Un troisième tentacule vient de fracasser le fond du bateau en projetant l'embarcation dans les airs. Vous êtes alors précipité dans l'eau glacée. Utilisez la *Table de Hasard* pour obtenir un chiffre.

Si vous tirez un chiffre de 0 à 4, rendez-vous au **47.** Si vous tirez un chiffre de 5 à 9, rendez-vous au **234.**

305

Un plan audacieux vous vient à l'esprit. Vous prenez dans votre poche le Médaillon d'Onyx, et vous avancez d'un pas résolu vers les brigands. Ils sont si occupés à bavarder qu'ils ne vous remarquent même pas. Lorsque soudain vous apparaissez devant eux, ils sursautent. Jouant alors votre rôle à la perfection, vous les rappelez sèchement à l'ordre, vous déclarant scandalisé par la désinvolture de leur tenue et de leur démarche. Vous les menacez de faire un rapport à Barraka lui-même pour lui signaler leur comportement. Dès qu'ils aperçoivent le Médaillon d'Onyx, ils se redressent comme un seul homme et s'alignent au garde-à-vous, prêts à obéir à vos ordres. D'un ton de commandement sans réplique, vous les envoyez alors en direction de la forêt en leur ordonnant de marcher au pas cadencé. Tandis qu'ils s'éloignent, vous courez dans l'autre direction pour mettre le plus de distance possible entre eux et vous, avant qu'ils ne s'aperçoivent de la supercherie. Rendez-vous au **204.**

306

Vos hommes poussent la porte à l'aide de leurs épées et entrent aussitôt. Vous entendez alors des bruits de voix étouffées et un patrouilleur réapparaît à l'entrée. « Il n'y a aucun danger, Seigneur Kaï », dit-il en s'écartant pour vous permettre de pénétrer à votre tour dans la masure. Rendez-vous au **84.**

307

Des groupes de brigands sortent de la forêt, fouettés par des sergents furieux qu'ils vous aient laissé échapper. Cette vision vous incite à hâter le pas. Vous parcourez les cent premiers mètres sans difficulté. C'est alors que des flèches commencent à tomber autour de vous. Vous vous baissez aussitôt et vous courez en zigzag, constituant ainsi une cible difficile à atteindre. Peu à peu, le nombre de flèches diminue sans que vous ayez été touché une seule fois. Les vains efforts des archers vous font sourire, mais votre confiance en vous-même est bientôt ébranlée par un nouveau péril : une meute de Chiens de Guerre vient en effet de surgir de la forêt à votre droite. De toute évidence, ils sont assoiffés de sang et personne n'est là pour les retenir. Vous êtes à moins de 500 mètres de Ruanon, mais les molosses se rapprochent à une allure inquiétante. Si vous souhaitez essayer de courir plus vite dans l'espoir de les distancer, rendez-vous au **225.** Si vous préférez vous arrêter et les combattre, rendez-vous au **36.**

308

Vous tournez la clé dans la serrure et vous poussez la porte de fer. Aussitôt, un sifflement sonore retentit comme un jet de vapeur s'échappant d'un geyser. Une créature aux allures de chat surgit alors de l'obscurité, et bondit sur vous en vous projetant à terre. Les yeux de l'animal brillent d'une lueur verte et son haleine fétide vous brûle le visage : c'est un Elix ! Tandis que vous essayez de repousser la créature à la gueule hérissée de dents pointues, plusieurs autres de ses congénères sautent sur vos hom-

308 *Un sifflement sonore retentit comme un jet de vapeur s'échappant d'un geyser.*

mes. Vous ne pouvez pas prendre la fuite et il vous faut combattre l'animal jusqu'à la mort de l'un de vous deux.

ELIX HABILETÉ : 17 ENDURANCE : 30

Si vous remportez la victoire, rendez-vous au **127.**

309

Vous suivez le tunnel pendant plus de trois heures avant d'arriver dans une vaste salle, où aboutissent plusieurs autres souterrains situés à différents niveaux. De larges rampes de pierre relient chaque tunnel à celui qui se trouve immédiatement au-dessus ou au-dessous. Quatre étages plus bas, des équipes de mineurs poussent des chariots chargés de minerai. Des Gardes vêtus d'armures écarlates les surveillent en les incitant à travailler plus vite à grands coups de fouet et en hurlant des jurons. Le tunnel dans lequel vous vous trouvez est situé au niveau le plus élevé, et vous ne pouvez poursuivre votre chemin qu'en descendant une rampe menant à un tunnel inférieur. Mais, à votre grande consternation, vous constatez que chacune des rampes est gardée par des hommes en armes. Avançant avec d'infinies précautions vous jetez un coup d'œil par-dessus la rampe. Deux Gardes sont assis au sommet d'une autre rampe devant l'entrée du tunnel qui se trouve juste au-dessous. Ils éclatent de rire en se donnant de grandes tapes dans le dos, et en montrant du doigt une bouteille de vin vide posée à leurs pieds. Après les avoir observés pendant quelques minutes, ils vous semblent trop ivres pour faire attention à vous. Vous décidez donc de tenter votre chance en vous précipitant vers le tunnel dans l'espoir qu'ils ne vous verront pas. Utilisez la *Table de Hasard* pour obtenir un chiffre. Si vous maîtrisez la Discipline Kaï du Camouflage, vous ajouterez 4 à ce chiffre. Si vous obtenez un total de 0 à 7, rendez-vous au **138 ;** de 8 à 13, rendez-vous au **244.**

310

Vous êtes à moins de dix mètres de la tour de guet lorsque la pointe d'une lance vous projette à terre. Vous roulez de côté juste à temps pour éviter un coup mortel, puis vous vous relevez d'un bond face à votre agresseur. C'est un Guerrier au visage dur, les yeux noirs comme du charbon, son armure éclaboussée par le sang de son cheval mort. Il lève à nouveau sa lance et s'apprête à vous frapper en pleine poitrine. Vous n'avez aucune possibilité de fuir, et il vous faut combattre cet adversaire jusqu'à la mort de l'un de vous deux.

GUERRIER VASSA-GONIEN	HABILETÉ : 18	ENDURANCE : 25

Si vous remportez la victoire, rendez-vous au **24.**

311

Trois soldats du Sommerlund se précipitent pour vous venir en aide. Abattant leurs épées sur les Chiens de Guerre, ils parviennent à tuer en quelques instants les monstrueuses créatures. Vous vous relevez tant bien que mal en essayant de faire le point de la situation, tandis que la bataille fait rage autour de vous. Les soldats du Sommerlund contrôlent toujours la barricade, se rassemblant en groupes devant les brèches pour empêcher l'ennemi de s'infiltrer. Des lances et des flèches volent en tous sens, s'enfonçant dans le métal, le bois, et dans la chair des combattants. Des hommes tombent de leurs chevaux : leurs montures hennissent et s'emballent ; le sol est jonché de cadavres et de soldats blessés. Les Chiens de Guerre ont été repoussés vers leurs maîtres armés de lances qui s'approchent à présent derrière un mur de boucliers. A votre droite un brigand essaie de sauter la barricade à cheval. Mais l'animal est blessé et à l'agonie, il lui est impossible de bondir. Son cavalier est projeté en avant et tombe derrière vous. Si vous souhaitez attaquer ce Guerrier Pillard, rendez-vous au **90.** Si vous préférez rassembler les soldats du Sommerlund pour repousser l'avance des lanciers, rendez-vous au **3.**

312

Tout autour de vous, les ruines résonnent du fracas des armes et des cris de guerre. Ces cavaliers vêtus d'armures ne sont pas des brigands ordinaires ; ils combattent avec une discipline et une habileté dont ne sont pas coutumiers les hors-la-loi du Pays Sauvage. Vous enjambez le cadavre du Guerrier et vous rassemblez vos hommes. L'ennemi a encerclé vos chevaux et il vous faut agir vite si vous voulez l'empêcher de vous les voler. Vous menez une charge parmi les ruines, et vous repoussez vos agresseurs qui s'enfuient en déroute dans l'obscurité. Cependant lorsque vous atteignez l'extrémité du temple, vous vous apercevez qu'il ne vous reste plus que onze chevaux. Les autres ont disparu. Après avoir mûrement réfléchi vous décidez de prendre dix patrouilleurs avec vous pour continuer votre expédition, et de renvoyer les autres à Holmgard avec mission de rapporter au roi ce qui s'est passé. Tandis que la faible lueur de l'aube se répand peu à peu dans le ciel, vos dix compagnons et vous-même adressez un triste adieu à ceux qui vont devoir retourner à pied dans la capitale pour avertir le monarque. Utilisez la *Table de Hasard* pour obtenir un chiffre. Si vous tirez un chiffre de 0 à 2 rendez-vous au **120** ; de 3 à 9, rendez-vous au **51.**

313

Vous posez les mains sur le bras du patrouilleur blessé en vous efforçant de remettre en place ses os fracassés. Vous le pansez ensuite à l'aide de lambeaux d'étoffe arrachés à sa tunique. Pendant ce temps, l'autre patrouilleur a réussi à se libérer et à trancher deux autres tentacules gluants accrochés à la coque brisée du bateau. Il saisit maintenant les avirons, et rame frénétiquement en direction de la rive opposée. A peine, cependant, a-t-il plongé les rames dans l'eau qu'un craquement terrifiant retentit. Rendez-vous au **96.**

314

Des groupes de brigands patrouillent dans la forêt, mais sans manifester de zèle excessif dans l'accomplissement de leur tâche, et vous parvenez à les éviter sans difficulté. Vous découvrez alors, par hasard, une petite cabane en rondins cachée au fond des bois. La flamme d'une chandelle vacille à la fenêtre et la porte est entrouverte. Si vous souhaitez entrer dans la cabane, rendez-vous au **53.** Si vous préférez vous en abstenir, vous poursuivrez votre chemin en vous rendant au **258.**

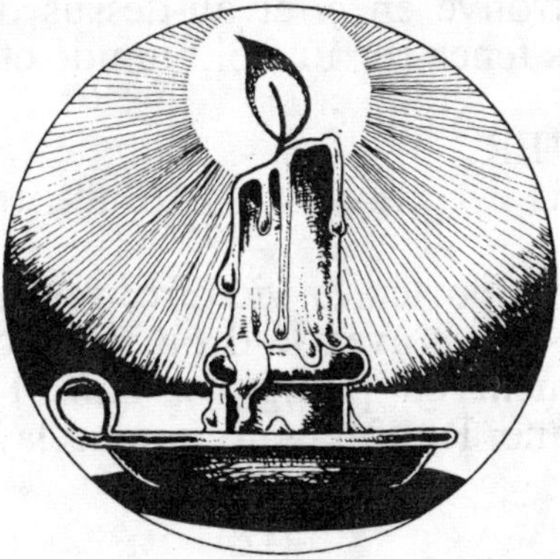

315

A la lueur vacillante de votre Torche, vous remarquez que le tunnel est étayé par des piliers et des poutres. Les murs suintent d'humidité, et une étroite rigole d'eau teintée par le minerai coule sur le sol. Vous parvenez bientôt à une bifurcation. Si vous souhaitez aller à gauche, rendez-vous au **269.** Si vous préférez aller à droite, rendez-vous au **145.** Enfin, si vous maîtrisez la Discipline Kaï de l'Orientation rendez-vous au **48.**

316

Vous êtes arrivé à mi-chemin, lorsqu'un de vos hommes glisse soudain et se trouve emporté par le courant torrentiel de la rivière. Ses cris désespérés alertent les brigands et, tout à coup, un Guerrier Pillard surgit au sommet du gros rocher derrière lequel vous vous cachiez. Il pousse un hurlement et vous porte un coup de lance. Pendant toute la durée de ce combat vous devrez réduire de 2 points votre total d'HABILETÉ en raison de votre position désavantagée. Le brigand se trouve en effet au-dessus de vous, et vous vous tenez sur un sol humide et glissant.

GUERRIER
PILLARD HABILETÉ : 16 ENDURANCE : 26

Si vous remportez la victoire, rendez-vous au **146.** Mais vous avez le droit de vous enfuir à tout moment en plongeant dans l'eau de la rivière Xane. Rendez-vous pour cela au **31.**

317

Vous concentrez vos pouvoirs sur une saillie d'argile qui surplombe le puits, de l'autre côté de la salle. Quelques secondes plus tard, le bloc se détache dans un craquement et tombe au fond du trou béant. Surpris par ce bruit soudain, le Garde quitte son poste pour aller voir de quoi il retourne. Sans hésiter un instant, vous vous précipitez vers le pont qui n'est plus surveillé et vous le franchissez, disparaissant dans le tunnel situé de l'autre côté. Rendez-vous au **348.**

318

Oren Vanalund est le quinzième baron de Ruanon. C'est un noble guerrier de lignée royale, cinquième dans l'ordre de succession au trône du Sommerlund. Ce Seigneur de la Guerre, vaillant et orgueilleux d'ordinaire, est à présent prostré sur le sol de pierre froide de cette

318 « *Il a tout perdu, son château, ses terres, sa ville et sa famille.* »

salle, l'œil rouge et la voix gémissante. On dirait un chien peureux. « Il a tout perdu », dit le capitaine Gayal à voix basse. « Barraka a détruit son château, saccagé ses terres et sa ville, massacré sa famille. Ses fils sont morts et sa fille unique est retenue prisonnière par Barraka lui-même. J'ai bien peur que ces terribles épreuves ne lui aient fait perdre la raison. » L'homme pitoyable affalé devant vous lève alors son visage baigné de larmes, et marmonne d'une faible voix deux étranges vers :

Quand mourra sur l'autel la vierge au cheveux blonds,
Des gorges de Maaken les morts se lèveront.

Si vous possédez un rouleau de parchemin, rendez-vous au **279.** Sinon, rendez-vous au **57.**

319

Le Repas est délicieux. Vous mangez votre content, puis vous vous préparez à une bonne nuit de sommeil. Lorsque l'aube se lève, vos hommes et vous-même faites vos adieux aux troubadours, et vous poursuivez votre voyage en direction de Ruanon. Utilisez la *Table de Hasard* pour obtenir un chiffre. Si vous tirez un chiffre de 0 à 4 rendez-vous au **25 ;** de 5 à 9, rendez-vous au **171.**

320

Votre attaque prend les deux Gardes complètement au dépourvu. Ils ont à peine eu le temps de tirer leur épée, que vos hommes les projettent tous deux à terre, leurs armes levées au-dessus de leur tête. « Faut-il les exécuter à l'instant, Seigneur Kaï ? » demande un patrouilleur en appuyant la pointe de son épée sur la gorge de l'un des gardes. « Non, répondez-vous, attachez-les plutôt ils peuvent peut-être nous être utiles. » Si vous souhaitez fouiller les Gardes, rendez-vous au **268.** Si vous préférez les interroger, rendez-vous au **76.**

321

La répugnante créature laisse échapper un hurlement de terreur et meurt devant vous, mais son énorme corps gluant tremble et se convulse pendant encore plusieurs minutes. Vous attendez un bon moment avant de vous risquer à vous glisser vers le tunnel situé derrière le gigantesque cadavre. Il ne reste plus trace de vos hommes. Leurs corps déjà à demi digérés reposent dans les entrailles du Ver de Pierre. Saisi de nausée, vous vous hâtez de fuir ces lieux maléfiques. Rendez-vous au **309.**

322

Vous éteignez votre Torche et vous vous pelotonnez sur le sol, sombrant très vite dans un profond sommeil. Lorsque vous vous réveillez, plusieurs heures plus tard, vous vous sentez tout à fait reposé et vous regagnez 2 points d'ENDURANCE. Vous rallumez votre Torche, et vous constatez alors que la petite cabane bâtie contre le mur est remplie d'outils. Des Pioches, des Pelles et des brouettes sont entassées au fond. Si vous souhaitez prendre une Pioche ou une Pelle, notez-la sur votre *Feuille d'Aventure* dans la case objets contenus dans votre Sac à Dos. Etant donné la taille de ces outils, ils occupent chacun la place de deux objets normaux. Deux tunnels permettent de sortir de la salle, l'un orienté à l'ouest, l'autre au sud. Si vous souhaitez emprunter le tunnel qui mène vers l'ouest, rendez-vous au **54.** Si vous préférez prendre celui orienté au sud, rendez-vous au **129.**

323

Vous lâchez la corde de votre arc ; la flèche siffle et vient s'enfoncer profondément dans l'épaule du chef des brigands. Vous l'entendez hurler de douleur mais, bien qu'il soit gravement blessé, il tente malgré tout de rassembler ses hommes. Vous vous penchez pour ramasser une autre flèche, mais vous constatez avec horreur que le carquois du soldat mort est vide. Relevant la tête, vous apercevez deux Guerriers vassagoniens qui ont mis pied à terre et escaladent la barricade en se dirigeant vers vous. Vous jetez votre arc et vous courez vers un grand tonneau d'eau défendu par un robuste sergent du Sommerlund. Autour de lui, le sol est jonché de cadavres ennemis. « Tirez sur le chef ! » ordonnez-vous en montrant l'officier blessé. Le sergent vise et tire aussitôt une flèche. Celle-ci décrit une courbe dans un ciel envahi de fumée et transperce le plastron étincelant du chef des brigands. Ses yeux cruels se brouillent et se ferment puis il glisse à bas de son cheval, la flèche plantée dans le cœur. Rendez-vous au **148.**

324

Vous avez faim et il vous faut prendre un Repas avant de vous endormir, sinon vous perdrez trois points d'ENDURANCE. Vous dormez depuis environ deux heures, lorsque le son d'une cloche vous réveille brusquement. « Des brigands !

s'écrie le tenancier de la taverne. Ils sont entrés dans les écuries ! » Il vous faut réagir immédiatement sinon vos ennemis vous voleront vos chevaux. Le tenancier vous indique qu'il existe deux moyens d'accéder aux écuries. Vous pouvez soit sortir par la porte et courir à l'extrémité du bâtiment, soit monter l'escalier jusqu'à un balcon du premier étage d'où vous pourrez sauter sur le toit de l'écurie. Si vous souhaitez passer par la porte, rendez-vous au **114.** Si vous préférez sauter du balcon du premier étage, rendez-vous au **196.**

325

Lorsque vous dégainez le Glaive de Sommer, la plainte du vent retentit avec plus de force, comme animée d'une soudaine fureur. En voyant étinceler la lame d'or qui tua Vashna, Maître des Ténèbres, Barraka a un bref mouvement de recul. Il se reprend aussitôt, mais la menace de l'arme magique a quelque peu ébranlé la puissance de sa volonté et il ne pourra pas utiliser contre vous sa redoutable force mentale au cours du combat. Il reste cependant invulnérable à la Discipline Kaï de la Puissance Psychique. Il vous faut à présent affronter l'aristocrate renégat, armé de son cimeterre, en un combat sans merci qui ne s'achèvera que par la mort de l'un de vous deux.

BARRAKA HABILETÉ : 25 ENDURANCE : 29

Si vous êtes vainqueur, rendez-vous au **350.**

326

Vous comprenez soudain que vous venez d'entrer dans un lointain secteur des mines de

Maaken, en passant par une galerie désaffectée creusée dans les contreforts des montagnes. Pendant des centaines d'années, les filons qui abondent dans les profondeurs de la chaîne de Maaken ont représenté tout à la fois une bénédiction et un fléau pour des milliers d'hommes venus ici chercher fortune. Des prospecteurs y ont trouvé parfois des richesses qui dépassaient leurs espérances les plus insensées, tandis que d'autres ont péri sans laisser de traces dans un labyrinthe de souterrains glacés et humides. Si vous parveniez à rejoindre une partie de la mine encore en exploitation vous pourriez atteindre Ruanon à travers son réseau de tunnels. Ruanon se trouve au sud, vous décidez par conséquent d'emprunter le souterrain orienté au sud. Rendez-vous au **101.**

327

Vous tirez l'épée de votre ceinture et vous l'offrez au capitaine. Une expression de surprise et de contentement apparaît sur son visage tandis qu'il examine la lame. « Je n'espérais plus jamais revoir ma fidèle épée, dit il. C'est un bon présage pour la bataille qui nous attend. » Après vous avoir remercié, le capitaine remet son épée dans son fourreau qui, jusqu'alors, pendait vide à son côté. Rendez-vous au **289.**

328

Lorsque vous parvenez au sommet du monticule, un spectacle sinistre s'offre à vos yeux. Des cadavres d'hommes et de chevaux jonchent une vallée peu profonde qui s'étend devant vous. Les corbeaux sont en train de déchiqueter leurs restes, ne laissant plus que des ossements nus.

Vos patrouilleurs ne peuvent retenir des exclamations horrifiées lorsqu'ils reconnaissent les armures et les uniformes en lambeaux dont sont encore vêtus certains de ces squelettes. Ces hommes, en effet, étaient des soldats de la cavalerie royale du Sommerlund. Sans doute sont-ils morts en livrant bataille car des cadavres de Guerriers Pillards sont également étendus à leurs côtés. Quarante vaillants soldats, c'est-à-dire presque la moitié de l'escadron qui a quitté Holmgard il y a un mois, reposent ainsi devant vous. Le cœur lourd, vos patrouilleurs entreprennent alors la triste tâche de leur offrir une sépulture décente. Une fois cette besogne accomplie, vous quittez cette vallée de la mort en n'éprouvant qu'un seul réconfort : le capitaine Gayal ne faisait pas partie des cadavres que vous avez enterrés. Rendez-vous au **120.**

329

L'eau de la rivière vous emplit les oreilles, les yeux, le nez. Dans votre quête désespérée d'une bouffée d'oxygène vous êtes pris d'une quinte de toux incontrôlable. Aveuglé, vous ne voyez pas l'énorme rocher qui se dresse devant vous. Avec un craquement sinistre, votre crâne vient se fracasser contre la surface de pierre et vous sombrez à jamais dans les eaux torrentielles. Votre mission s'achève ici en même temps que votre vie.

330

Aux premières lueurs de l'aube vous vous préparez à pénétrer dans la vallée. La grand-route est enveloppée de brume et bientôt, la forêt de Ruanon s'épaissit de part et d'autre. Un enchevêtrement d'arbres aux troncs gris, de toutes formes et de toutes tailles, borde les bas-côtés. Après avoir chevauché quelques minutes, vous découvrez, au bord de la route, la carcasse d'un chariot calciné. Derrière, un sentier s'enfonce dans les collines en direction de l'est. Si vous souhaitez examiner les débris du chariot, rendez-vous au **38.** Si vous préférez ne pas y prêter attention et poursuivre votre chemin le long de la grand-route, rendez-vous au **175.** Enfin, s'il vous semble plus opportun d'explorer le sentier qui monte dans les collines, rendez-vous au **293.**

331

Vous découvrez bientôt un puits de mine qui descend verticalement dans le flanc de la colline. L'entrée en est partiellement dissimulée par des buissons d'épines que vos hommes se hâtent de dégager. Vous remarquez alors une échelle fixée à la paroi du puits. Il s'agit là sans doute d'une issue de secours des mines de Maaken qui sillonnent les profondeurs des contreforts de la chaîne. Si vous parveniez à découvrir l'une des galeries principales de ces mines, il vous serait alors possible de rejoindre Ruanon par les souterrains. Vous vous penchez au bord du puits et vous scrutez l'obscurité au-dessous. Une telle odeur d'humidité et de pourriture s'échappe du trou, que vous décidez d'envoyer le plus léger de vos hommes essayer l'échelle pour vérifier si elle est encore solide. Tout semble aller pour le mieux : votre éclaireur, en effet, atteint bientôt l'entrée d'un tunnel situé au fond du puits et vous crie de le suivre. Ce tunnel mène à une salle de forme ovale grossièrement taillée dans la roche. Un étrange liquide gluant brille sur le sol. Si vous maîtrisez la Discipline Kaï de la Communication Animale, rendez-vous au **41**. Sinon, vous chercherez une issue en vous rendant au **276**.

332

Bien que les roulottes soient plongées dans l'obscurité, vos sens aigus de Seigneur Kaï vous révèlent la cachette de l'acteur. Vous montez alors les quelques marches qui mènent à la porte arrière d'une grande roulotte, vous poussez le panneau à l'aide de votre arme et vous entrez. Rendez-vous au **222**.

333

Le cavalier se précipite sur vous au galop. Vous ne pourrez livrer qu'un seul Assaut car, dans son élan, il sera emporté à plusieurs mètres de distance après avoir essayé de vous frapper.

CAVALIER VASSAGONIEN	HABILETÉ : 20	ENDURANCE : 28

Si vous perdez plus de points d'ENDURANCE que votre adversaire lors de cet unique Assaut, rendez-vous au **209**. Si c'est votre ennemi qui perd plus de points d'ENDURANCE que vous à l'issue de l'Assaut, rendez-vous au **220**. Enfin, si vous perdez tous deux le même nombre de points d'ENDURANCE, rendez-vous au **344**.

334

Lorsque vous heurtez la surface de l'eau, votre arme vous échappe. Saisi de panique, vous sentez alors des tentacules gluants s'enrouler autour de votre corps. Vous vous débattez pour essayer de vous dégager, mais vous êtes bientôt étouffé. Quelques bulles éclatant à la surface et une cape déchirée sont les derniers signes qui trahissent votre présence au fond de cette tombe aquatique. Votre mission s'achève ici en même temps que votre vie.

335

Le tunnel aboutit bientôt à une vaste salle séparée en deux par un profond puits de mine. Une passerelle permet de le franchir, mais elle est gardée par un soldat vêtu d'une armure de cuir quelque peu fatiguée. Il est en train de tailler un bloc de bois et grommelle en se plaignant d'avoir sans cesse à accomplir de basses besognes. De l'autre côté de la salle, un tunnel s'ouvre dans le mur ouest. Pour l'atteindre il vous faudra franchir le pont. Si vous maîtrisez la Discipline Kaï du Camouflage, rendez-vous au **35**. Si vous possédez la Discipline Kaï de la Maîtrise Psychique de la Matière, rendez-vous au **317**. Si vous ne maîtrisez aucune de ces deux Disciplines, il vous faudra attaquer le Garde par surprise. Rendez-vous au **147**.

336

La flèche siffle droit vers le brigand mais elle ricoche sur son plastron d'acier. Sans être le moins du monde ému par le choc, l'homme lance son javelot, transperçant le malheureux soldat. Vous vous apprêtez à tirer une autre flèche, lorsqu'une forme noire et menaçante apparaît soudain dans le ciel. Cette silhouette fond sur la tour au sommet de laquelle elle atterrit. Vous jetez alors votre arc, vous dégainez votre arme et vous montez les marches quatre à quatre pour aller voir de quoi il retourne. Rendez-vous au **223**.

337

Bien que le feu ait complètement détruit toute inscription qui aurait pu se trouver sur le chariot, vous parvenez malgré tout à l'identifier : c'est l'un des chariots de la cavalerie du Sommerlund que le capitaine Gayal et ses hommes ont escorté il y a un mois. Il transportait un chargement de vivres dont il ne reste à présent que des tas de cendres. Après avoir examiné soigneusement les débris, vous remontez en selle et vous menez vos hommes en direction du sud, le long de la grand-route. Rendez-vous au **297**.

338

Votre stratagème a réussi. En entendant le mot de passe, les Gardes vous laissent entrer dans la crypte. Ils referment ensuite la porte de pierre derrière vous et vous vous retrouvez dans un large couloir éclairé par des Torches et orienté à l'est. Rendez-vous au **235**.

339

Bien que les deux étrangers semblent inoffensifs, vous préférez ne pas prendre de risques et vous décidez d'établir des tours de garde. Vous avez faim et il vous faut prendre un Repas, sinon vous perdrez 3 points d'ENDURANCE. Après avoir mangé, vous vous préparez à passer une bonne nuit de sommeil. Rendez-vous au **233**.

340

La tête commence à vous tourner et vos jambes deviennent lourdes en raison du manque d'oxygène. Vous perdez deux points d'ENDURANCE. Rendez-vous au **32**.

341

Un cercle de visages qui n'ont pas été rasés depuis plusieurs jours vous entoure. Un soldat vous soulève doucement la jambe tandis qu'un autre arrache la flèche enfoncée dans votre cuisse. Son geste a été si rapide que vous n'avez pas même eu le temps de pousser un cri de douleur. « Vous avez eu de la chance, Seigneur Kaï, dit le soldat en appliquant des herbes de Laumspur sur votre membre blessé. La blessure est propre et elle n'a pas beaucoup saigné. » Vous perdez quatre points d'ENDURANCE, mais l'action rapide de cet homme vous a évité d'avoir la jambe infectée. Les soldats vous portent ensuite, le capitaine Gayal et vous-même, dans la tour de guet. Rendez-vous au **116.**

342

Vous plongez tête la première dans les ténèbres. Le vent vous siffle aux oreilles. Serrant les dents, vous essayez de ne pas penser au choc terrible qui vous attend lorsque vous heurterez de plein fouet le fond rocheux du gouffre. Par chance cependant, une rivière souterraine coule au-dessous, et vous tombez dedans en vous enfonçant profondément dans l'eau glacée. Vous éprouvez un tel soulagement à être encore en vie que vous oubliez où vous vous trouvez : vous prenez alors une profonde inspiration et l'eau pénètre aussitôt dans vos poumons. Essayant de surmonter la douleur qui vous déchire à présent la poitrine, vous vous apercevez que votre Sac à Dos vous entraîne vers le fond. Il faut vous en débarrasser à l'instant, sinon vous serez noyé. Lorsque enfin vous remontez à la surface, vous nagez tant bien que mal vers une rive de graviers sur laquelle vous vous échouez, toussant et haletant. Vous avez perdu votre Sac à Dos et tout ce qu'il contenait, mais vous êtes vivant et vous n'avez pas trop souffert. Apportez les modifications nécessaires à votre *Feuille d'Aventure,* puis rendez-vous au **219.**

343

Vous vous trouvez au milieu de la rivière souterraine lorsque l'eau noire se met soudain à frémir et à bouillonner. Vous vous cramponnez au bord du bateau en ordonnant à vos hommes de ramer de toutes leurs forces ; les remous menacent en effet de vous faire chavirer. Soudain, un tentacule verdâtre et répugnant jaillit à la surface. Il s'abat sur l'embarcation comme la lanière d'un fouet, fracassant le bois de la coque, et s'enroule autour de deux de vos hommes. Avant même que vous n'ayez pu dégainer votre arme, les deux malheureux sont emportés dans les profondeurs bouillonnantes.

343 *Les deux malheureux sont emportés dans les profondeurs bouillonnantes.*

Un autre tentacule surgit aussitôt. Cette fois il ondule dans votre direction et essaye de vous frapper pour vous jeter par-dessus bord. Utilisez la *Table de Hasard* pour obtenir un chiffre. Si votre total actuel d'ENDURANCE est supérieur à 20, vous ajouterez 3 au chiffre que vous aurez tiré. Si votre total d'ENDURANCE est actuellement égal ou inférieur à 12 vous devrez ôter deux points au chiffre donné par la *Table*. Si vous obtenez un total de 2 à 6, rendez-vous au **194,** de 7 à 12, rendez-vous au **61.**

344

Votre coup a fait voler en éclats la lance du cavalier. Il tire alors sur ses rênes, se débarrasse de son arme brisée et dégaine un cimeterre. Avec un sourire diabolique qui découvre deux rangées de dents noires et pointues, il lance un cri de guerre en éperonnant son cheval qui se précipite à nouveau sur vous. Si vous avez atteint le rang Kaï d'Aspirant (ou un rang supérieur), rendez-vous au **111.** Sinon, rendez-vous au **43.**

345

En vérifiant les stalles de l'écurie, vous découvrez qu'il ne vous reste plus que onze chevaux ; les autres ont été volés par les brigands. Après avoir mûrement réfléchi, vous décidez de prendre dix hommes avec vous pour continuer votre mission et de renvoyer les autres patrouilleurs à Holmgard dès l'aube, pour faire un rapport détaillé de la situation. Lorsque le jour se lève, ils partent à pied en direction du nord et vous les regardez s'éloigner ; puis, lorsqu'ils ont disparu, vous vous tournez dans la direction opposée et vous poursuivez votre chemin en compagnie des dix patrouilleurs. Utilisez la *Table de Hasard* pour obtenir un chiffre. Si vous tirez un chiffre de 0 à 6, rendez-vous au **51.** De 7 à 9, rendez-vous au **120.**

346

Vous montez l'escalier en colimaçon pendant plus de cinq minutes, avant d'atteindre un niveau supérieur où vous découvrez un tunnel orienté au sud. Vous avez parcouru moins de 100 mètres dans ce passage humide, lorsque vous apercevez un levier fixé dans le mur de gauche. Soudain, vous entendez des bruits de pas lointains : une patrouille de Gardes marche dans votre direction. Sans hésiter un instant, vous tirez le levier, et un panneau de pierre s'ouvre aussitôt dans la paroi, révélant un passage secret. Vous vous hâtez d'y pénétrer pour éviter les Gardes. Dès qu'ils sont passés vous essayez de ressortir, mais vous vous rendez compte alors, qu'il est impossible de rouvrir le panneau de pierre de l'intérieur. Un sentiment de désespoir vous envahit, mais vous n'en poursuivez pas moins votre chemin, le long de ce tunnel caché. Rendez-vous au **335.**

347

Vous êtes arrivé au fond de la cave, lorsque la trappe se referme soudain. Vous entendez qu'on la verrouille, et vous vous mettez à frapper le panneau à coups redoublés, essayant désespérément de vous échapper. Ceux qui vous ont ainsi enfermé condamnent la trappe à l'aide d'un énorme tonneau. Des Gardes restent dans la cabane pour surveiller votre prison. Quatre jours se passent avant que la trappe ne s'ouvre à nouveau. C'est alors la main décharnée d'un squelette qui rabat le panneau de bois. Les morts de Maaken se sont réveillés. Votre mission a échoué.

348

Moins de 50 mètres plus loin, vous apercevez un levier fixé à la paroi du tunnel. Votre instinct de Seigneur Kaï vous incite à la méfiance et, soupçonnant un traquenard, vous examinez soigneusement le sol pour essayer d'y découvrir un piège éventuel. Vous ne trouvez rien, cependant. Mais en levant les yeux, vous remarquez, entre deux poutres, la partie inférieure d'une large herse. Vous tirez le levier et la herse s'abat aussitôt, bloquant le tunnel derrière vous. Pour être certain que personne ne pourra vous suivre, vous brisez le levier à l'aide d'une grosse pierre avant de continuer votre chemin le long du souterrain. Rendez-vous au **185.**

349

A en juger par l'usure du sol et des chariots de minerai, il semble que cette galerie desserve l'un des secteurs principaux de la mine. Un courant d'air frais souffle du tunnel orienté à l'ouest et vous sentez que vous ne devez plus être loin de la surface. Ruanon se trouve à l'ouest, dans la direction où mène le tunnel. Vous prenez alors une profonde inspiration puis, émergeant de l'ombre, vous traversez silencieusement la galerie pour suivre la voie ferrée. Rendez-vous au **55.**

Tandis que meurt Barraka, le vent se met à souffler plus fort et son mugissement s'intensifie, emplissant le temple d'une longue plainte désespérée. Vous sentez l'esprit maléfique et glacé de Vashna, Maître des Ténèbres, vous envelopper dans une ultime étreinte, mais il ne peut rien contre vous. le sacrifice a été empêché, et il est désormais condamné à se lamenter, en rêvant d'une victoire qui ne viendra jamais. Le Poignard de Vashna repose sur le sol noir du temple. Vous le ramassez et vous le glissez dans votre ceinture (inscrivez-le sur votre *Feuille d'Aventure* dans la case Objets Spéciaux.) La diabolique flamme bleue s'est éteinte et, aussi longtemps que vous resterez en possession de cette arme maudite, Vashna, Maître des Ténèbres, et ses légions de guerriers morts, demeureront prisonniers du gouffre maudit. Vous libérez la blonde Madelon, attachée sur l'autel, et vous la portez à l'air libre à travers les couloirs du temple. Lorsque vous émergez parmi les ruines que baigne la clarté de la pleine lune, un spectacle extraordinaire s'offre à vos yeux. Les Guerriers de Barraka fuient en tous sens la cité fantôme, poursuivis par une armée de cavaliers. Les flammes de leurs Torches et le clair de lune illuminent le soleil qui orne leurs tuniques. C'est l'armée du Sommerlund commandée par le roi Ulnar en personne qui leur donne ainsi la chasse. Vos compatriotes lancent des cris enthousiastes pour saluer votre courage, et leurs acclamations étouffent les longs gémissements qui s'élèvent des profondeurs du gouffre maudit. Une fois de plus, vous vous êtes révélé comme un authentique héros de votre patrie.

Lorsque vous déposez Madelon dans les bras de son père, l'intensité de son bonheur vous donne le sentiment d'avoir pleinement accompli votre mission. En vérité, vous êtes plus que tout autre digne du titre de Seigneur Kaï. Vous avez triomphé à l'issue d'une quête périlleuse, mais vos exploits ne s'arrêteront pas ici. L'épopée du Loup Solitaire, dernier des Seigneurs Kaï, est loin, en effet, d'être terminée, car un nouveau défi, tout aussi implacable que les précédents, vous attend à présent dans le cinquième volume de la série.

350 *Les guerriers de Barraka sont chassés par l'armée du Sommerlund.*

TABLE DE HASARD

1	3	9	3	2	7	5	0	2	5
5	6	2	5	1	3	8	4	3	5
7	6	7	8	1	4	3	1	4	5
4	0	8	7	3	0	8	7	2	5
7	4	0	0	9	6	2	0	8	1
1	6	7	9	6	9	0	3	3	9
8	9	2	8	1	3	4	9	7	1
6	3	0	7	5	0	5	4	6	6
7	2	1	4	2	9	6	4	2	6
0	9	6	4	8	2	8	5	8	3

Table des

Quotient d'attaque

Chiffre donné par la table de hasard

	−11 ou inférieur	−10/−9	−8/−7	−6/−5	−4/−3	−2/−1
1	E −0	E −0	E −0	E −0	E −1	E −2
	LS T	LS T	LS −8	LS −6	LS −6	LS −5
2	E −0	E −0	E −0	E −1	E −2	E −3
	LS T	LS −8	LS −7	LS −6	LS −5	LS −5
3	E −0	E −0	E −1	E −2	E −3	E −4
	LS −8	LS −7	LS −6	LS −5	LS −5	LS −4
4	E −0	E −1	E −2	E −3	E −4	E −5
	LS −8	LS −7	LS −6	LS −5	LS −4	LS −4
5	E −1	E −2	E −3	E −4	E −5	E −6
	LS −7	LS −6	LS −5	LS −4	LS −4	LS −3
6	E −2	E −3	E −4	E −5	E −6	E −7
	LS −6	LS −6	LS −5	LS −4	LS −3	LS −2
7	E −3	E −4	E −5	E −6	E −7	E −8
	LS −5	LS −5	LS −4	LS −3	LS −2	LS −2
8	E −4	E −5	E −6	E −7	E −8	E −9
	LS −4	LS −4	LS −3	LS −2	LS −1	LS −1
9	E −5	E −6	E −7	E −8	E −9	E −10
	LS −3	LS −3	LS −2	LS −0	LS −0	LS −0
0	E −6	E −7	E −8	E −9	E −10	E −11
	LS −0	LS −0	LS −0	LS −0	LS −0	LS −0

E = Ennemi - LS = Loup Solitaire

oups portés

0/0	+1/+2	+3/+4	+5/+6	+7/+8	+9/+10	+11 OU SUPÉRIEUR	
−3	E −4	E −5	E −6	E −7	E −8	E −9	1
S −5	LS −5	LS −4	LS −4	LS −4	LS −3	LS −3	
−4	E −5	E −6	E −7	E −8	E −9	E −10	2
S −4	LS −4	LS −3	LS −3	LS −3	LS −3	LS −2	
−5	E −6	E −7	E −8	E −9	E −10	E −11	3
S −4	LS −3	LS −3	LS −3	LS −2	LS −2	LS −2	
−6	E −7	E −8	E −9	E −10	E −11	E −12	4
S −3	LS −3	LS −2	LS −2	LS −2	LS −2	LS −2	
−7	E −8	E −9	E −10	E −11	E −12	E −14	5
S −2	LS −2	LS −2	LS −2	LS −2	LS −2	LS −1	
−8	E −9	E −10	E −11	E −12	E −14	E −16	6
S −2	LS −2	LS −2	LS −1	LS −1	LS −1	LS −1	
−9	E −10	E −11	E −12	E −14	E −16	E −18	7
S −1	LS −1	LS −1	LS −0	LS −0	LS −0	LS −0	
−10	E −11	E −12	E −14	E −16	E −18	E T	8
S −0	LS −0	LS −0	LS −0	LS −0	LS −0	LS −0	
−11	E −12	E −14	E −16	E −18	E T	E T	9
S −0	LS −0	LS −0	LS −0	LS −0	LS −0	LS −0	
−12	E −14	E −16	E −18	E T	E T	E T	0
S −0	LS −0	LS −0	LS −0	LS −0	LS −0	LS −0	

T = Tué sur le coup

Achevé d'imprimer
le 8 juillet 1985
sur les presses de
l'Imprimerie Hérissey
à Évreux (Eure)

N° d'imprimeur : 37707
Dépôt légal : juillet 1985
1er dépôt légal dans la même collection : juin 1985
ISBN 2-07-033297-7

Imprimé en France

36058